AF607130
AVERSO

LOS NOMBRES SENCILLOS DE LAS COSAS

Antología poética

(1928-2008)

Victoriano Crémer

Número 31 de la Colección **AVERSO POESÍA**

Los nombres sencillos de las cosas

Edición al cuidado de Averso Poesía
www.aversopoesia.com

hola@aversopoesia.com

Primera edición: abril de 2024
ISBN: 978-84-10027-29-9
Depósito Legal: GR 523-2024

Impreso en España - *Printed in Spain*

El papel utilizado para la impresión de este libro está calificado como papel ecológico y procede de bosques gestionados de manera sostenible.

LOS NOMBRES SENCILLOS DE LAS COSAS

Antología poética

(1928-2008)

VICTORIANO CRÉMER

SELECCIÓN DE PABLO QUINTELA
PRÓLOGO DE JOSÉ ENRIQUE MARTÍNEZ

PRÓLOGO

CRÉMER EN LA MEMORIA

Cuando me propongo trazar una introducción a esta antología poética de Victoriano Crémer elaborada por Pablo Quintela y titulada acertadamente con un verso del propio Crémer, *Los nombres sencillos de las cosas*, afloran en mí, inevitablemente, los recuerdos personales, aquella aspereza inicial que ocultaba una ternura íntima que afloraba en el momento más inesperado o que se diluía en un humor pocas veces hiriente; aquella voz recia, bronca y vigorosa, índice de una fuerza interior que no era ajena a transportes de delicado lirismo. En el fondo anidaba un espíritu crítico ante las pequeñas y las grandes cosas, ante los sucesos de cualquier índole, ante la política municipal y la política nacional e internacional, ante las distintas ideologías y ante las iniquidades que se ocultaban bajo los altos principios de las democracias occidentales. Crémer era un rebelde, una conciencia alerta ante los problemas concretos de su barrio, de su ciudad y de la España que le tocó vivir. Una frase suya ha venido rebotando en mi memoria a lo largo del tiempo transcurrido tras su muerte: “Yo ya estoy a la deriva”. Era el tremendo contraste entre el cuerpo en deterioro y la dolorosa lucidez con que la cabeza lo percibía. Pero mi recuerdo último es la alegría que exteriorizó ante el título que le ofrecí para el conjunto de su poesía, en realidad medio verso suyo, *Los signos de la sangre*, que me parecía que expresaba una pluralidad de significados muy presentes en la lírica cremeriana desde sus comienzos en la inmediata posguerra: la fuerza de la vida, las raíces familiares, la herencia que se recibe y la que se deja al morir, la violencia de la guerra... Movidos aquí y allá por las obligaciones de cada día, por la novedad y la propaganda editorial, olvidamos lo que un poeta como Crémer significó como ejemplo de rehumanización de la poesía de posguerra. Él fue uno de los que supo que la poesía de su tiempo primero, el de la mencionada posguerra, debía ser humana o no era nada, y que más allá de las preocupaciones personales, el poeta debía dirigir sus palabras a los demás hombres, reflejar sus preocupaciones más hondas, que acabó reduciendo a cuatro esenciales, amor, Dios, muerte y patria, es decir, los gozos y las angustias existenciales y las circunstanciales del aquí y el ahora. De ahí que pueda decirse que la suya es una poesía comprometida con el hombre en su totalidad, si bien el tiempo fue tiñendo de melancolía los libros de los últimos años, porque la larga vida del hombre Crémer se fue poblando de muertes que diluyeron la obstinación, el ímpetu y el júbilo exultante ante la comprobación de la existencia que expresan sus primeros libros.

La muerte suya, la de Victoriano Crémer, sucedió en las primeras horas de la mañana del día 27 de junio de 2009, en León, la ciudad en la que vivió 97 de los 102 años de su larga y fructífera vida. Nacido en Burgos en 1907, diez años después recaló con su familia en León, ciudad y provincia donde fue todo lo que uno puede ser: trabajador de varios oficios, periodista de radio y prensa escrita, cronista oficial, hijo adoptivo y predilecto, Doctor *Honoris Causa* de su Universidad...; en la capital leonesa desarrolló su inmensa labor periodística y su obra literaria, de la novela al ensayo y de la autobiografía al teatro y, sobre todo, a la poesía. A los pocos años de su muerte, sin embargo, Victoriano Crémer parece haberse borrado de la memoria ciudadana. «Memoria, ciega abeja de amargura», escribió Juan Ramón Jiménez. La poesía, más generosa, no lo dejará sumirse en el olvido. Estaba agonizando cuando aparecieron en la editorial Calambur los dos tomos que acogían su poesía y que ya he citado, *Los signos de la sangre (Poesía 1944-2004)*, a excepción de un primer libro primerizo que el poeta consideraba una osadía juvenil y al que aludía con irónica sonrisa, *Tendiendo el vuelo* (1928), y el que ponía fin a su obra, *El último jinete* (2008), galardonado con el premio Jaime Gil de Biedma. Conviene dejar claro que el periodismo fue el modo de vida para Crémer durante setenta años, en *Proa*, donde abrió su artículo de opinión "Asterisco", *La Hora Leonesa*, *La Crónica de León* y *Diario de León*, donde mantuvo a diario desde 1990 el artículo de opinión "Crémer contra Crémer". Durante muchos años, su pluma fue la más leída en la ciudad; su voz, en los años de la radio, la más oída y comentada; su palabra, la más crítica, propia de quien —al decir de Lamparilla, otro periodista leonés— manejaba la pluma como un florete. Sin embargo, es en el ámbito de la poesía donde Crémer adquirió renombre y lectores más allá del ámbito provinciano. Sin olvidar la labor ensayística, autobiográfica, memo-riógrafa, narrativa e incluso teatral de Crémer (*Libro de Caín* en 1958, *Historias de Chu-Ma-Chuco* en 1970, *Los trenes no dejan huella* en 1986, *Libro de San Marcos* en 1980, *Ante el espejo. León 1920-1940* en 1995, etc., etc.), es en el ámbito poético donde conviene colocar algunos hitos o mojones marcados por un año determinado.

El primero nos sitúa en 1944, por más que, como hemos anticipado, ya en 1928 hubiera publicado, al alimón con Francisco Pérez Herrero —con el que estrenaría en León algunas obras de teatro—, un libro juvenil de ajado modernismo, *Tendiendo el vuelo* (1928). Pasada la guerra civil, inició Crémer una abundante y fecunda labor de fundación de revistas literarias y de escritura de obras poéticas y literarias. Puede afirmarse que su primer libro de poemas, personal y valioso, fue *Tacto sonoro*, publicado en 1944, año del arranque de la poesía en la posguerra con *Hijos de la ira*, *Sombra del Paraíso* y *La estancia vacía*; fue también el año de *Espadaña*, la revista de crítica y de poesía fundada en León por Antonio González de Lama, Eugenio de Nora y el propio Crémer, el cual fue el director efectivo de la revista, el que más páginas escribió, el que prestó su casa de la calle Puertamoneda como oficina y el que, como linotipista, además de seleccionar y agrupar los textos, la confeccionaba, maquetaba y distribuía; la revista, que se mantuvo durante 48 números, entre

1944 y enero de 1951, orientó la poesía española en un sentido humanista y fue puente de unión con la poesía de anteguerra y con la del exilio.

Como ya hemos indicado, en el mismo año 1944 apareció el poemario *Tacto sonoro*, primer poemario importante de un poeta de la posguerra, que recibió críticas elogiosas de González de Lama, Leopoldo Panero, Eugenio de Nora y Ricardo Gullón, que, entre otros, reseñaron entonces el poemario, lo que motivó que la firma de Victoriano Crémer empezara a estar presente en las revistas literarias del momento. Era *Tacto sonoro* un libro desigual, pero en él puede advertirse el nacimiento de una poesía preocupada, angustiada, dramática y vigorosa, acorde con un tiempo en el que pervivían los signos trágicos de la guerra civil terminada cinco años antes. El poemario mostraba, además, algunas de las preocupaciones permanentes del escritor: el dolor humano, la muerte, el hombre perseguido, el silencio de Dios... Desde *Tacto sonoro*, el hombre, en soledad o en sociedad, va a constituirse como el verdadero tema de la poesía de Crémer a lo largo de su dilatada trayectoria de poeta, un centro temático modulado en cada poemario, ahondando en él o abriendo las perspectivas nuevas que el tiempo iba promoviendo, dando lugar a dos grandes núcleos temáticos en la concepción cremeriana del mundo: la problemática existencial y la social; lo que variará no es el tema propiamente, sino el enfoque y la intensidad; una y otra preocupación se imbrican a lo largo y a lo ancho de su poesía, aunque la inquietud existencial cobre mayor vehemencia en la etapa inicial, que completan *Caminos de mi sangre* (1947) —título expresivo de unas preocupaciones existenciales vertidas en versos apasionados y en largos poemas ásperos y desgarrados— y dos poemarios publicados en 1949, *Las horas perdidas* y *La espada y la pared*, en los que rebajó el tono del poemario anterior. Son, en todo caso, obras en las que Crémer expresa la angustia del vivir y del morir; tras las dolorosas circunstancias de una guerra civil y de los encarcelamientos y muertes que seguían estando presentes, la poesía hablará del abismo interior, la soledad, la corrupción y el espanto, con una tonalidad sentimental de vacío, amargura, miedo y tristeza. El poeta, inmerso en sus angustias, volverá la vista a Dios —como hizo distintamente la poesía del momento, de la confianza a la desesperanza, de la plegaria a la recriminación— buscando refugio o desesperándose en desasosegadas interrogaciones: "Yo estoy solo y vacío, y Te reclamo / con dura voz: —¡Señor! ¿Por qué me dejas?". Pero Dios responde con el silencio. Dentro de esta vuelta a Dios que se produjo en la poesía de posguerra, nuestro poeta se situaba en un tipo de religiosidad agonista, conflictiva, dramática, de súplica e imprecación. Otra tabla de salvación existencial podía ser el Amor, desde una inicial violencia —nunca la poesía cremeriana se desliga de su situación de hombre que sufrió la guerra en sus propias carnes—, hasta un sentido de plenitud y de ternura.

El año 1952 es otra fecha significativa que supone la aparición de los *Nuevos cantos de vida y esperanza*, evocando el conocido título de Rubén Darío, y la presencia de Crémer en la restrictiva *Antología consultada de la Joven Poesía Española*; la antología incluía a tan solo nueve poetas y hoy resulta imprescindible para conocer las valoraciones poéticas de la época. Los *Nuevos cantos* llegaban apoyados en el importante premio de poesía Boscán, y eran un verdadero "Cancionero de Puertamoneda", inspirado en los seres pobres, esforzados y humildes del barrio leonés en el que vivía. Los poemas discurren emocionadamente como una meditación sobre los seres más desvalidos, sobre la escasa esperanza de quienes malviven en Puertamoneda, signos universales de la miseria y la injusticia: "Las carbonilleras", que buscan su "apretado botín" de escorias entre las vías del tren, "La vieja de las naranjas", el "Hombre sin origen"... La palabra "sencillamente", que se reitera con frecuencia, es indicativa del nuevo tono poético, sencillo, pero no prosaico, y acomodado expresivamente a los seres marginados del momento, ciñéndose poéticamente a un sufrido barrio leonés. Comenzaba con *Nuevos cantos* una segunda etapa poética de mayor templanza poética y moderación expresiva, de voz más remansada, emotiva y melodiosa para poetizar la soledad y el vacío, la solidaridad, el trabajo, la esperanza, el amor familiar... El título de esta antología, *Los nombres sencillo de las cosas*, expresa, precisamente, el nuevo tono poético cremeriano.

Nuevos cantos es ya un poemario homogéneamente comprometido; con él transitaba Crémer por la senda de la mejor poesía del momento, la que recorrían poetas como Celaya, Otero, Nora, Hierro, Ángela Figuera y algunos otros; fue el camino que avanzó del compromiso existencial al compromiso social. Era, sin duda, el mejor libro de Crémer hasta el momento y sigue siendo un libro central en su biografía y en la poesía española de aquella generación de posguerra que por entonces publicaba *Redoble de conciencia* (1951) de Otero, *Las cartas boca arriba* (1951) de Celaya, *Quinta del 42* (1952) de Hierro, *Belleza cruel* (1953) de Ángela Figuera y *España, pasión de vida* (1953) de Nora.

A los *Nuevos cantos* siguieron los poemarios que *Furia y paloma* (1956), *Tiempo de soledad* (1962), que recibió el Premio Nacional de Poesía llamado entonces «Leopoldo Panero», un importante reconocimiento que reafirmaba el prestigio del escritor, y *El amor y la sangre* (1966). El escritor convertía su poesía en "himno del mundo humilde", de las gentes sin oficio ni beneficio en aquella España sembrada de muertos elocuentes, fecundos y ejemplares, calificativos que aparecen en diferentes textos suyos. La experiencia de la guerra que empapa la obra de Crémer y que dividió su mundo en un antes y un después, con una cierta mitificación de aquel tiempo en el que palabras como "Libertad" o "Amor" parecían cumplir en la realidad su más exacto significado, frente a un después teñido de violencia, miedo y desesperanza, se vierte en *Diálogo para un hombre solo* (1963), el testimonio poético más acusador y recriminatorio sobre la misma. España se convirtió en un motivo básico en todos los poetas testimoniales, que opusieron a la oficial la visión apasionada de una España hecha de seres que luchaban y sufrían el aquí y ahora.

Otro hito en el transcurrir poético de Victoriano Crémer lo marca el año 1984. Sin olvidar que en 1967 había reunido Crémer su poesía con el título de *Poesía Total* en Plaza y Janés, es en 1984 cuando la colección «Provincia» de León publica la primera recopilación sustancial de su poesía completa hasta el momento: dos tomos titulados escuetamente *Poesía (1944-1972)* y *Poesía (1972-1984)*. En ella había poemarios como *Lejos de esta lluvia tan amarga* (1974), *Los cercos* (1976) y *Última instancia* (1984), con los que Crémer completaba una tercera etapa poética que conjugaba lo existencial y lo social, al tiempo que su voz, ya remansada, se tornaba más reflexiva y serena, con un tono paciente, trémulo y emotivo.

En 2009, finalmente, la editorial Calambur publicó *Los signos de la sangre (poesía 1944-2004)*, poesía completa de Crémer, a excepción, como hemos indicado y reiteramos, de aquel primer libro de 1928 titulado *Tendiendo el vuelo* y del poemario que remataba su quehacer lírico, *El último jinete* (2008). *Los signos de la sangre*, en dos copiosos tomos, suponen 1500 páginas de poesía. El tomo segundo reúne los últimos libros del poeta, excepcionales, las obras de una senectud alimentada siempre por la llama de la poesía, con preocupaciones nuevas como la vejez, la enfermedad y muerte de la esposa... Son poemarios como *El cálido bullicio de la ceniza* (1990), libro de amor desde la muerte dedicado "a Curra, muerta y resucitada todos los días", *El fulgor de la memoria* (1996), *La resistencia de la espiga* (1997), título que expresa metafóricamente el pensamiento cremeriano sobre el hombre como el animal más frágil y, a la vez, más resistente de la tierra, *La paloma coja* (2002), título alusivo al hombre, que, como la paloma, vive cojo, pero en pie, acosado, pero con nuevos estímulos para vivir, como los que alentaron en los hombres de su generación en los tiempos sombríos de la guerra y la posguerra, y *El palomar del sordo* (2004), con ilustraciones de Ramón Villa; el recuerdo, las ausencias, el dolor y el consuelo de la rememoración dan a los libros de esta etapa cremeriana una inevitable tonalidad melancólica. No era un título inocuo el de *El último jinete* con que quedó cerrada la obra lírica del poeta y sobre el que, por ser el postrero, nos detenemos mínimamente. La idea de la muerte impregna los versos del poemario; y como en libros anteriores, muchos poemas tienen un destinatario silencioso: la amada ausente, que crea en el entorno del poeta un ámbito de conmovida soledad. El tema de la muerte arrastra tras de sí numerosos motivos: la soledad del que muere, la impasibilidad del mundo ante la muerte de uno, las sucesivas ausencias, con el vacío que han dejado en un alma enamorada, y, por supuesto, las acuciantes preguntas sobre quién soy y para qué soy, es decir, el origen y el destino, de donde nace la angustia existencial y mortal a la vez. "Destino" es el título de un poema en el que las preguntas manifiestan la amarga perplejidad del poeta: "¿Para qué? ¿Por qué? ¿Hacia dónde?"; "El hombre / que soy ¿qué puede ser si muere / sin respuestas claras, si ha vivido / entre zozobras y amenazas?". Pero nadie responde a las interrogaciones del poeta, hasta que "Acaso / desde el forro oscuro de las nubes / le lleguen las respuestas y le sea / concedida la solución: '¡Vives, oh mísero de ti, / para ser hombre!' / Triste destino". Otro título de *El último jinete* es expresivo en sí mismo, "¿Dónde?"; la razón existencial es la que inquieta al poeta; y el más allá de la muerte, porque el "dónde" alude a la amada muerta, al "allí donde estés", porque si el encuentro fuera posible, si tuviera respuesta, nada importaría la muerte. Ocurre que el otro gran tema, el amor, respira por la herida de la muerte; es el amor a "la amada inmóvil", con voz entregada, desgarradora a veces: "Hoy quisiera decirte, / con voz perdida entre los restos / de la memoria mía, que te espero, / que mi vivir es esperarte / sin la misericordia / de saberte posible, como los sueños". Parece lógico, dadas las circunstancias, que el recuerdo forme parte del tema amoroso, se trate del padre ferroviario (hermoso poema "El tren en el alba") o de la amada: "Vivir no es, amor, sino el ejercicio / glorioso de quererte": Garcilaso asoma por estos versos en los que vida y amor quedan existencialmente confundidos. Los versos de *El último jinete* van inevitablemente impregnados de una tonalidad sentimental de soledad y tristeza.

Poéticamente, Crémer siguió fiel a su mundo, si bien aparecen en su poesía de los últimos años, como hemos antedicho, algunas inquietudes nuevas, derivadas de la misma circunstancia vital del poeta: la vejez y los viejos, la muerte en general y, en concreto —ya ha quedado dicho—, la enfermedad y muerte de la esposa, que afectaron hondamente al hombre y al poeta, reflejándolo en los poemarios de su fructífera vejez. Como en toda su obra, también en los poemarios últimos es el hombre en soledad o en convivencia el gran tema de la poesía cremeriana. Él fue desde el principio, como ya señalamos, mentor y ejemplo práctico del proceso de "rehumanización" de la lírica de posguerra y su poética no varió significativamente a lo largo del tiempo. Fue su poesía, siempre, un compromiso asumido con la realidad y con el hombre en su totalidad. Pero el tiempo no pasó en vano. El recuerdo, la mirada hacia atrás, el dolor y el consuelo de la rememoración dan a los libros últimos de Crémer una tonalidad nueva que roza la melancolía. El hombre Crémer se ha poblado de muertes, de ausencias, y ya la vida no se vive con la obstinación y el ímpetu que expresan sus primeros libros, ni hallamos el júbilo exultante ante la comprobación de la existencia, ni la afirmación rotunda de la vida, ni el agradecimiento a Dios desde una concepción cristiana. Las sombras que antes mitigaban levemente el ansia vital ocupan ahora lugar predominante: la vida se ve traspasada de muerte, el júbilo se ha transformado en melancólica desolación y la afirmación vital en vacío y soledad. Y Dios, el Dios del silencio a quien se dirigían los interrogantes más angustiados —el "por qué" y el "para qué" de la existencia— ya no es el portillo de escape del creyente para dar sentido a la vida;

domina ahora el escepticismo y la duda, aunque Dios pueda seguir siendo en algún poema el destinatario de interrogaciones sin respuesta sobre "la congoja / humana de vivir muriendo".

Los años de la vejez de Victoriano Crémer, si fueron muy fecundos para su poesía, lo fueron también para todos los campos de su escritura, pues en la última década del siglo pasado publicó novelas como *Los extraños terroristas de la "Sábana Santa"* (1994), *Parábola de Amalia "La Petarda"* (1997) y *La casona* (2001), además de *Ante el espejo. León 1920-1940* (1995), verdaderas memorias del autor, de la época y de la ciudad en la que vivió, y *Los papeles de Francisco Pérez Herrero* (2006), aquel compañero de aventuras junto al cual cobra protagonismo el León de los difíciles años veinte y treinta, el de la guerra civil de todas las amarguras, y el de los primeros de la posguerra, así como una galería de personajes que determinaron el destino de aquella endeble ciudad de entonces.

Crémer pudo disfrutar en sus años últimos de numerosos e importantes reconocimientos, como el Premio Castilla y León de las Letras en 1994 y el nombramiento de *Doctor Honoris Causa* por la Universidad de León tres años antes, en 1991. En 2005 se le concedió la Medalla de Oro de la Provincia (León) y en octubre de 2009 hubiera debido recoger de manos del Rey la Medalla de Oro al Mérito en las Bellas Artes, que recibió póstumamente. Por otro lado, el Instituto Castellano y Leonés de la Lengua inauguró en 2008, en Burgos, la exposición "Manuscritos y garabatos"; el vigor del trazo y la combinación del color descubrían una nueva faceta de un hombre que hasta el último día tuvo algo que decir. El mismo Instituto auspició un Congreso Internacional con el título de "Victoriano Crémer. Cien años de periodismo y literatura"; se celebró en León en octubre de 2007 y en él diferentes especialistas ahondaron en la figura del hombre y el escritor; con el mismo título aparecieron las actas correspondientes en 2009, poco antes de que muriera el poeta.

Ahora, la antología *Los nombres sencillos de las cosas* permite vislumbrar la prodigalidad y riqueza de una escritura poética que ocupó una vida prolongada y fecunda, la vida de un poeta que fue también periodista hasta el día de su muerte, dramaturgo, narrador y ensayista. En unos y otros géneros movió al escritor la curiosidad, la noticia de actualidad y el sentido crítico que le llevaba a no aceptar sin cautelas los mensajes que le llegaban de fuera. Dio cuenta de su tiempo y ejercitó, en cuanto pudo, la libertad personal con el enjuiciamiento de la actualidad y la crítica de lo que lo rodeaba. Fue, en suma, una conciencia alerta ante sí mismo y ante el mundo.

José Enrique Martínez

DE *TENDIENDO EL VUELO*

(1928)

Charlestón

Charlestón...
Confusión...
Sensación de epilepsia... Música de jazz-band...
Dislocación monstruosa... Embriagueces de
champán...
Vocerίos afónicos,
estruendo, algarabía
y bárbara armonía
de sones inarmónicos.
Compases de diablesca y calenturienta mente.
Salvajes danzarines, barullo incoherente.

Charlestón...
Confusión...
Sacudidas eléctricas, doblamientos histéricos...
Venal sibaritismo... Placeres exotéricos...
Risibles movimientos
sin arte ni cadencia...
Locura... Incongruencia...
Molestos instrumentos...
Un báratro siniestro... Una exótica pasión...
Salvaje baraúnda... Locura... ¡El Charlestón!...

El verso

Nace en la mente, —crisálida extraña—
envuelto en las nubes tenues de lo ignoto.
Brilla refulgente, su ropaje roto,
y una luz de aurora boreal le baña.

Y crece y se expande y luce y se dora
con las áureas galas de la fantasía,
—estrella que irradia su luz redentora—
y todo lo abarca: Arte y Armonía.

Es pregón vibrante de las juventudes,
airón que engalana rosadas quimeras
ungidas en sueños de un bello ideal.

Es la nota brava con que los laudes
del moderno canto, rasgan las esferas,
marcando en el orbe su marcha triunfal.

La idea

Forjada con doradas ilusiones,
nutrida con pedazos de vida,
—bridón en libertad—suelta la brida,
es heraldo de paz a las naciones.

Dardo del Ideal, lanzado al viento
por el arco tendido de la pluma;
rayo ardiente de luz, entre la bruma
cegadora y falaz del pensamiento.

Clarín tonante de la galanía.
Airón gallardo. Voz de rebeldía
contra lo zafio y la vulgaridad.

Libélula de luz, que, en raudo vuelo,
esparce los destellos de un anhelo
y marca un rumbo a la posteridad.

Guzla romántica

Pesadilla eterna
que en mis sueños vela;
los sueños fragantes —quimeras rosadas de mi juventud—
Ideal supremo
que mi Musa anhela
y vibra pujante en la gama lírica de mi fiel laúd.
Timón de mi espíritu,
soplo de los vientos
que impulsan la nava de mi corazón.
Norte, faro y guía
de mis pensamientos;
imagen florida que alientas la vida de mi inspiración.
Divina ambrosía
de las embriagueces
del alma que ansía mitigar su ardor.
Licor que se liba
siempre hasta las heces,
buscando en el fondo la gota divina de ardiente dulzor.
Estrella brillante.
Luz en el camino
preñado de sombras. Astro sideral
que marcas la senda
de este peregrino
en la noche triste de su vida errante en pos de ideal.
Canción que entremezclas
tristes pasionarias
y ardientes plegarias
—endechas del alma del buen trovador—
Camino sembrado

de espinas y flores,
de afán y dolores...
Camino que llevas al trono de Amor...

DE *TACTO SONORO*

(1944)

Aldea

¡Que se me mete la luna
en el tino de la leche!

Al jato pío pequeño
que la bebe,
le salen cuernos de aurora
en la frente.

La vaca apacienta encajes
que tiende sobre el pesebre;
y las esquilas dormidas
sueñan firmamentos verdes.

Hay un jadeo de estrellas
alto
y breve.

¡Que no rechine ese carro,
carrero que vas y vienes!
Ni aquella charca de bronce
hervida de ranas verdes...

¡Que no rechinen
que no se duerme!

Tan aprisa va la noche
que ya amanece...

Paisaje urbano

Nadadora de noche, nadadora
entre olas y tinieblas

PEDRO SALINAS

Nada es tan sombra. Tan intacta y pura.
Parece
como si el miedo apresurado de otras noches,
asido a los cerrillos del recuerdo,
se ciñera a sí misma.

Ni la herrumbre amarilla de los focos
colgados del terror de su desvelo
ni el hondo palpitar de las esquinas
—vaciadoras de nieblas—
deshacen el rebuño de la sombra,
de tan sombra, clarísima.

¡No grites tu silencio, que se rompe
en agudos cristales de tinieblas!

¡Déjala intacta, honda, recreada
en su sentirse pura noche en vela!

¡Como si ella tan sólo fuera noche!

¡Déjala así, como quisiera:
La más noche de las noches
que duermen fuera!

¡Y la pueden enterrar
envuelta en sacos de arena,
con dos velillas de sebo
lamiéndola las ojeras!...
¡Que ella se ignore así!
¡Que no advierta
la llaga tumefacta de los charcos,
ni la arruga amarilla de la estrella
que la busca la entraña con su plata
cabritera!

¿Que se obstina en ser noche solamente?
¡Que lo sea!
¡Y la quiten el gas y los portales
y esas fuentes de piedra
con gordos angelotes sin pupilas
ni vergüenza!
¡Que acaricie los hilos de teléfonos
como sus propias venas,
y se beba, en un rincón, la sangre
de las tabernas!...

¡Déjala fría, sin silencios, boba,
con su escarchado capotón a cuestas
y su miedo a romperse, fatalmente,
contra el albo pregón de la lechera!...

¡Déjala sola en su barro!
Y si enferma... ¡que se muera!

Farmacias y funerarias
tienen, de turno, una puerta.

Y ya vendrán los serenos
de etiqueta,
para cerrarla los ojos
y preparar noche nueva...

¡Que no es ella solamente
la noche que duerme fuera!

Cancionero del desánimo
(¡Aleluya!)

¡Si hubiera muerto siquiera!
Ay, si hubiera muerto.

¡Si esta mi piel, reseca,
y estos tactos abiertos,
y este mirar sin brillo y esta boca
se me hubieran deshecho!...

...No tendría esta angustia congelada
ni este apretado cerco
de gritos,
ni este sordo
y siniestro merodeo
que ventea la sombra de mi sombra
como un perro.

Lejos, gozosamente, de estos árboles
lisos y negros,
y de este asfalto escocido
de soles eléctricos;
y de esta luna, pálida de hambres
y de noches sin sueño.

Con la envidia, fajada,
como un toro a mi cuerpo,
sintiendo el regocijo de la brega
desde barandas de hielo...

Sin ver cómo las rosas, de tan rosas,
van dejando de serlo.
Y los ríos
devoran musgos secos.
Sin ver cómo las cumbres y los valles
rezurcen sus remiendos,
mientras ovejas pardas se corrompen
de estiércol.

¡Pero hay que aguantar la vida
compañero!
¡Y triturar la arena del camino
entre los dientes negros,
y ver el sol, la luna,
las flores y el cemento!

¡Verlo todo! ¡Sentirlo
como un clavo de fuego:
con estos viejos ojos aterrados
de su forro de cieno,
y esta cruda sonrisa, florecida
entre surcos de acero!...

¡Hay que resolver la vida,
compañero!
¡Hay que seguir
viviendo!...

No son las rosas de trapo:
y en los cerros
brilla un sol

nuevo.
Y los caminos son anchos
y el lobo lame al cordero...

¡Ay, qué brisas con aroma
de romero,
y crudo sabor de pan
moreno!

Y esa pupila amarilla
del reverbero
prendida de mi balcón
farolero...

¡Ya está resuelta la vida,
compañero!
¡A seguir
viviendo!

Ya mi sombra no es tan sombra,
ni tan ciegos
los tactos, que se me abren
como botones de fuego.
Ya mulas cascabeleras
arrastran la envidia dentro
y no se odia
en silencio.

Si el gato esconde las uñas,
y un ratoncillo moreno,
de alambre,

le riza el pelo.
¡Si he visto al tigre entre juncos
acariciando a un cordero!

Y el culebrón
marrullero
a la pájara pinta
guarda los huevos...

¡Qué vida, Vida, qué vida!
¿Y querías verme muerto?

¡Déjame la vida así,
que así la quiero!...

Carcelera

Ansiosa de lejanías
la luz de los ojos huye
a estrellarse entre las ramas.

Y en los zarzales de hierro
de los barrotes cruzados
busca la luna de plata.

Los ojos mueven, indóciles,
—ansiosos de desprenderse—
sus potentes grupas blancas.

Tascando frenos agudos
de barrotes y paredes
con espumajos de lágrimas.

Tengo los ojos cortados
por las cuchillas sin filo
de cuatro paredes blancas.

¿Serás, Amor?

¿Serás Amor, un largo adiós que no se acaba?
PEDRO SALINAS

Ya presiento tu voz en las cimas del alba
y me crujen los huesos del alma a tu contacto;
adivino tu huella en la ladera calva
y en las venas me quema el calor de tu tacto.

Anticipo tu paso en el corcel del viento,
y el corazón crepita como una vieja encina;
tu carne derramada —beso, luz o lamento—
me seca y me reduce con terquedad de espina.

Tu grito, derrumbado de fustes circuncisos
apresura mis pulsos en negras oleadas.
Y te revisto arcángel de altivos paraísos
donde florecen plantas y manos y miradas.

Centinela

Toda la noche para ti,
centinela.
Toda la noche. Ciñéndote
los flancos ateridos y las sienes
palpitantes en vela.

Todo el recuerdo para ti,
centinela.
Recorriéndote el alma en un galope
de mugidos
y tibieza hogareña.

Para ti toda la noche,
centinela.

Ensártala en la espadaña plata
con que hieres la hondura del silencio
que te quema,
y que muestre su entraña palpitante
a tu fría avidez, a tu desgarro
de centinela en vela.

Toda para ti. Con sus rencores
y sus estrellas muertas;
con sus cuchillos ladradores de hambres
y sus tripas de algodón y nieve.

Para ti, centinela.

Jineterías
(Elegía al caballo de palo)

Infante velazqueño.
Napoleón en camisa.

Tasca frenos de carne tu caballo de leño
y cuatro paredes ciegas acordonan tu prisa.

A horcajadas del viento
va eludiendo la huella
con su cola de palma.
                    El jinete friolento
se encabrita y se estrella.

Coracero de un alba trompetera y briosa
se anticipa en la lucha.
                    El enemigo espera
su alegre arremetida.
                    Y la tierra rebosa
su botín de madera.

Inmediatos confines van cediendo en la brega
y la noche enarbola su banderín pirata.

El guerrillero, entrega
sobre el blando regazo, su espadín de hojalata.

Y vertical e hirsuto, sin estribos ni bridas,
—tieso esternón de leño, Bucéfalo burlón—
el caballo retuerce sus vértebras dolidas...

Sobre la crespa cola, descansa en un rincón.

Infante velazqueño.
Napoleón en camisa...
¡Oh, tu corcel de leño
y tu sueño
y tu prisa!...

Oda malherida del avión en picado

¡Oh!, gran violador del aire, tú, Arcángel bravo.
Elegido de los dioses.
Carbonizado por la pura palabra de quien sostuvo el
 Mundo
cuando el sol ignoraba el fragor de su vientre.

¡Oh!, negro verderón sin enramada.
Aciago saetero convulsivo,
portador de tu meta y de tu muerte
desde un cielo lejano de algodón y de sueño.

Yo sé que vienes a por mí. Yo sé
que tu violento alancear la nada tiene un designio
 bárbaro;
que avizoras mis ojos aterrados
y quisieras clavarles en tu agujón de acero.
¡Oh!, vertical frenética.
Berbiquí de lo hondo y de la nada.
Ronca tuerca de espanto, apretada a la espina dorsal del
 Universo.

Yo sé que me persigues. Que persigues mi carne
apretada de miedo contra la piel y el lodo;
que quisieras cerrarme para siempre esta boca
con un duro sabor de tabaco y de espuma y de ranchos
 en frío.

Yo sé que me persigues.
Yo sé que me deseas desde que fuiste sólo teoría al acecho;

desde mucho antes que el aire oliera a gasolina
y la rosa sintiera su vientre fecundado
por un soplo de viento fugitivo.

Yo sé que me deseas...
Y te veo romper nubes densas y brisas
y rasgar, pudorosos, altos velos tendidos al oreo de la noche
y saltar combas grises, henchidas de relámpagos.

Y venir hacia mí.
Hacia mis sesos blandos
y mi pobre corazón de estopa.

Con tu liso hocico chato
y tus cuernos archilocos giradores...

Viejos muros cuarteados contemplan tu caída de lo alto
con una maldición de vieja desdentada.
Las rojas chimeneas de las fábricas te lanzan bocanadas
de agonía.

Y hay mil dedos que siegan la luz de mil pupilas
que presienten su fin en tu aliento abrasado.

¡Oh!, potro alucinado.
Asesino de nieblas.
Inverso surtidor de fuego y muerte.
Arrebatada tromba.

Yo sé que vienes a por mí. Que me deseas
como el niño desea los atónitos ojos de los gatos en celo;

y los sucios rebordes de la herida, los besos
de las moscas de color de pantano.

Yo sé que me deseas...

Y si te espero así,
porque sé que en mi huida
chocaría contra el muro de las lamentaciones;
porque siento en mi torno el pequeño ladrido de tus canes
    de hierro
que van siguiendo mi rastro
y borrando mis huellas con su baba de encajes amarillos.

Es porque sé que tú,
—Ángel Exterminador, Luzbel sin esperanzas—
te abrazarás conmigo y con mi muerte
el estruendo ciego...

...junto a un lirio manchado por mi sangre
y una carta de amor ahogada en gasolina.

Canción serena

Un día puro, alegre, libre quiero
FRAY LUÍS DE LEÓN

No me dejéis así:
                                        Sorbido por la tierra
hondísima y vibrante como el clamor penúltimo
con este olor maduro de soles y horizontes
abriéndome en el pecho un surco luminoso.

No es que el cuerpo me suene a cristal derramado
ni que diez corazones me alanceen las yemas
ni que cielos redondos agolpen sus rebaños
a mis ojos mastines, ladradores de cimas.

Es que un mar fugitivo rinde velas y senos
y pétalos y espumas a la gozosa playa
donde el rumor se atreve a mancillar la sombra.
¡Y se me ciegan labios y gritos y pupilas!

Es que siento que el aire es de carne dulcísima
y la luz sólo luz. Que el contorno me huye
a bandadas blanquísimas de palomas y lirios
y me abandonan manos y dientes y melenas.

¡No! ¡No me dejéis así! Moriría desnudo
sin sentirme morir.

Y mi pobre vestido, con su sangre caliente,
se hundiría, esperando mi imposible retorno.

Hombre bajo la lluvia

Sólo porque eres tú, agua de mayo
—barrenillos de sol contra la tierra;
circular harpa fresca que mis dedos
recorren sordamente con sus yemas—,
me resigno al rigor de tu caricia
sobre la carne abierta,
que esponja su crepúsculo morado
con avidez de pecho en primavera.

Sólo porque eres tú, que no vacilas,
del blando paraíso de las nieblas
en retornar, en migas, a lo hondo
que te fecunda y crea;
y ser tierra y clamor y aliento último
antes que nube de algodón y seda.

Vuelves a mí, lustral agua prevista.
Vuelves al árbol, al charco y a la senda.
Arrepentida fuga de mi sangre.
Agua de enmienda.

Y si te doy mi cuerpo, despojado,
recocido de sol y de violencias,
es por tu crudo resonar de árboles,
por tu aroma de surco, por tu lenta
parsimonia de arroyo que retorna
a un cauce de lagartos y de piedras;
es porque siento en ti cómo me vuelve
el río evaporado y las tinieblas.

¡Vuélvete a mí! Espero con mi sangre
el enjambre sonoro de tus flechas,
quebrando sus mensajes en mi frente
y cubriendo mis hombros de melenas.

¡Vuelve a la tierra, lluvia, a lo que fuiste:
A ser clamor y lágrima y hoguera!...

¡Y pensamiento mío, disparado,
irreparablemente, a las estrellas!

Hombre habitado

Yo era un larguísimo corredor vacío;
asediadas de sombras mis paredes
en un abrazo desolado y yerto
de último adiós, sin esperanzas, mudo.

¡Oh, pasos resonados en lo hondo,
pasos tan sólo; fantasmal quejumbre!
Suspiros rebotados; inconcretos
deseos de nacer de un alma en vilo.

A mi quieto silencio no llegaba
el eco alucinado de la estrella.

La soledad tan sólo y el vacío
estirando mi piel hasta confines
donde, a veces, el pájaro de goma
se clava, en la avidez de su ceguera.

Mi resonante soledad sin norma:
ajena al viento, extraña al mar gimiendo;
inútil soledad deshabitada;
cáscara huérfana de gajos divinales.

¿Por qué soles y vientos y palabras?
¿Por qué espumas y pájaros y flores?
¿El Hombre es en sí mismo fango y nube?
¿Y sin él no aletea el Universo?

Lentamente, llamadas fulgurantes
ahíncan sus apremios en mi duelo.
Florece en mi dintel el nardo húmedo
y espadas amarillas lengüetean.

¡Oh, corredor vacío, violado
por ángeles de paz y de sosiego!...
¡Oh, largo espacio, desolado y mudo,
herido por el Verbo y por la Gracia!...
Plenitud de la sangre caudalosa
jugando a fecundar vértebras, venas...

Al fin tu planta, Dios, en mi silencio,
apretado de miedos como un bosque.
Tu eterna voz, sonando marinera
en mi vacío caracol humano.

Te siento así. Me siento por Tu peso.
Al fin soles y vientos y palabras
se espesan en mis sombras conmovidas
por Tu presencia en mí: Hombre Habitado...

Clarísima evidencia de mi alma
yo, el Hombre, cara al sol que centellea,
abandono mis nombres contra el suelo
que suena como un mundo abandonado.

Y me esgrimo a lo alto como un rayo
jubiloso entre nubes. Y me empino
tan cercano a Dios vivo que su aliento
me traspasa y me punza las entrañas.

¡Oh, plenitud de ser! Macizo goce.
¡Oh inmenso mar rompiéndose en mi frente!
(Sentirse gravitar sobre sí mismo
y, sin embargo leve, transparente, aéreo).

Te siento, sí, Me siento por tu peso.
Y soy en Ti porque tu voz me suena.
Porque tu fresco tacto derramado
desbordó las acequias de mi alma.

DE *CAMINOS DE MI SANGRE*

(1947)

Mi loba blanca
(Primer poema de amor)

Ella, tan vaga e indecisa antes,
tiene escogido cuerpo, sitio y hora.
Me ha dicho: «Voy». Soy ya su destinada presa

PEDRO SALINAS

Me seguían sus ojos y yo era menos que un niño.
Bosques y primaveras me arañaban el pecho
brotándome en los cauces borbotones calientes
en los que el alma yergue su furia fundadora.

Su gran calma de esposa apretaba los círculos
y me sentía centro de su raudal sangriento;
con el galope oscuro de la sangre apremiando
la altiva meta blanca de su dormida carne.

¿Fue su voz? De más hondo que el deseo, rompiendo
su corteza de plomo, me llegó aquel balido
que estrellaba su espuma, como un ala arrancada,
en mis rubias arenas palpitantes de soles.

¡Oh, sequedad del aire, oprimiendo el latido
con que la luz rehízo su primera llamada!
¡Fue su voz! Su inefable mensaje acordonado
por airados cuchillos de escarcha matutina.

El espanto y la tierra tiraban de mi cuerpo
y un altivo universo desgarraba mis hombros.
Sentí que entre los brazos florecían sus pechos
y que éstos me clavaban contra un aire reciente.

¡Huir! ¡Huir! Perderme por bruñidos desiertos.
Borrar de mis pupilas sus ojos insaciables
y sepultar su voz, su eterna voz marina
en mi hondón retorcido de caracola humana.

Su garra fue primero. Su garra, no su mano,
que dos fuentes de sangre llenaron mi costado
desbordándome en ellas como una madre nueva
a quien los mares dieran un hijo de su carne.

Y luego fue su luz. Su inmenso mediodía,
creciéndose en mis ojos como un bosque incendiado;
ardiéndose en las llamas mis tigres y mis dudas
con sus flancos rotundos y su feroz aullido.

¡Oh, irremediable abrazo! ¡Oh, desolado beso!
¡Oh, arcángeles pastores de mi sangre en derrota!
¡Oh, cuerpo fulgurante apretándome el pecho
como un mármol o un mundo, y en él Dios empinado!

Fui pasto de su furia. Su mirada y sus dientes
implacables hicieron tajadas de mi alma.
Mis vestidos rodaron como musgos antiguos
y sentí deshacerme como un barco de niebla.

Yo veía sus manos sortearme las venas
y herir con sus cuchillos mi corazón menudo,
y azuzar mis dormidos afanes como galgos
llenando de ladridos mi apacible ribera.

Yo sentía —la siento— abrevar en mi sangre.
Romper mi dura piel. Darme muerte lentísima...
¡Y no eludo sus saltos de terciopelo y sueño!
¡Y no huyo! ¡No huyo!... ¡Mi feroz loba blanca!...

Canción del obstinado

Si un instante tan sólo me dejara
arrebatar el brío,
como los juncos pálidos de otoño
apresuran su curva sobre el río.

Si un momento olvidara la clarísima
evidencia de mí sobre el asfalto;
o mi frente, vigía imperturbable,
se perdiera en lo alto.

Si cediera, cobarde,
porque lenguas y manos y cadenas
ciñeran mis crepúsculos de miedos
y apretaran las cuerdas de mis venas.

Si cejara en doblar, altivamente,
montes, sierras y esquinas,
porque, ocultas, las horas
orientan torvedades asesinas...

...No me quedara —¡Dios!— sino la estéril
visión ritual del espadín de gala;
la inercia sosegada de la curva
o la quietud del ala.

Sentiría mi carne, flotadora
en domésticos mares;
y el alma, anonadada, sorteando
firmamentos y altares.

Y mis ojos —¡mis ojos!— tan inmensos:
como dos potros ciegos,
quebrando contra un orbe definido
sus luces y sus bridas y sus juegos.

No me quedara ya sino el deseo
de un vivir blandamente: como estopa;
como algodón o sueño; como un aire
o el brillo de una ropa.

¡Y se mueve, Señor! ¡Lo afirmo! El aire
es algo más que un beso sin medida;
y la luna se busca en el estanque
la navaja suicida.

El sol es aún más sol en la mejilla
de una muchacha en flor, de ojos de olivo.
El bosque cede brisas, hojas, lecho,
al ímpetu del chivo.

Y la nube o la estrella,
deshaciéndose en luz enamorada,
crepita contra el bronce de la noche
sin destino, asustada.

Yo no cambio mi flor soñada y virgen,
ni mi nerviosa agilidad de espina
por un vientre redondo, ni unos ojos
de mirada de harina.

Yo me salvo en mi mundo, desterrado
de un azar amarillo de panteras,
donde el aire es silbido y brotan dientes
y lenguas como hogueras.

¡No he de ceder! ¡Se mueve!... Que resignen
sus ímpetus los flojos en la suerte:

¡Tiene barbas el sol! ¡La luna es hembra!
¡La lluvia, llamarada que se vierte!

¡Y el vivir, apretarse a la cintura
el toro irremediable de la muerte!

Recuerdo de la nada

Sentí de nuevo el sueño, la locura
y el error de estar vivo,
siendo carne doliente día a día...

LUIS CERNUDA

¡Nada!... No quedó nada...

Las estrellas quebraron sus últimos destellos
bajo la informe turba de bisontes de niebla.
El recuerdo del aire se desprendió en jirones
y los árboles, solos, gritaron su cansancio.

¡Oh dolor de las nubes clavadas en las cimas!
¡Los pájaros sin ruta estrellaron su espanto
contra sordos brocales y hundiendo su aleteo
en las aguas inmóviles, ateridas de luna!

¡Aquí fue el mar! —Resuelto en tigres despiadados
cuando un hambre de tierra hería sus pupilas—.
¡Oh, triste mar ausente, de improvisto ahuyentado
por canes invisibles a quienes Dios azuza!...

¿Dónde fueron los prados inmóviles y verdes,
lentamente sorbidos por vacas melancólicas?
¿Y el repetido estruendo de mármoles y estatuas
sosteniendo sus trémulas hogueras infecundas?...

Como sueño de hierro, de cemento y miseria,
chozas, palacios, fábricas, abrevian su martirio

y se rinden lo mismo que viejos resignados,
con un leve resuello de irremediables ruinas.
¡Nada! No quedó nada. Ni el silencio siquiera.
Fue un apagón inmenso. Y el mundo quedó ciego.
Recuerdo... que la nada era espesa y caliente
como una vaharada... Y por ella venía...

...El hombre, de regreso del umbral de la muerte.

¡Oh, qué terrible pasmo en su mirada muda,
desorbitada y quieta como un inmenso monte!
Una escarcha de hielos le florece en las sienes
y los hombros soportan firmamentos de plomo.

Avanza lentamente.
Empujando la niebla con los ojos y el alma,
escupiendo la niebla,
siendo él niebla maciza,
desesperada niebla...

Ya le duelen los dientes de masticar su nombre
y el corazón le pudre las paredes del alma.
¡Dios le ha visto en escombros! ¡Le ha visto y le devuelve
cuando su pie desnudo traspasaba su límite!...

Carbonizado y vivo como un lirio entre vientos.
De regreso de un viaje del que nadie nos dijo
si florecen los trigos en la parda llanura
o los pájaros crujen como sedas rasgadas.

Avanza lentamente. Soportándose muerto;
con pesantez de monte, de multitud blasfema.

Silencioso, recóndito; sosteniéndose el alma
con las manos. ¡Sabiéndose arrojado a la Vida!
Marcado por el fuego que resella a los hombres
cuando el destino cumple su prevista sentencia,
y arcángeles yacentes incorporan sus mármoles
por seguir nuestros pasos de muertos indefensos.

Vedle, al fin, de regreso. Desamparadamente
gravitando en la niebla, con su mudez de astro.
Con su cruda tristeza de buey martirizado,
a quien la muerte niega sus frescas picas de agua.

Yo quisiera acercarme a su frente y abrirla
por contemplar el pasmo que contuvo su paso;
por ver su pensamiento y leerlo a los hombres,
cuando en la plaza gritan sus furias amarillas.

Yo quisiera arrancarle los clavos de los dientes
y soltarle la lengua, como un novillo joven,
porque proclame el nombre, la palabra que salva;
porque nos diga cómo es la muerte que invoca.

Sé que contra su pecho se quebrarán mis ansias,
que mis manos en vano destrozarán su carne
pretendiendo arrancarle su secreto viajero
con el cual precipita su implacable destino.

¿Qué montañas, qué prados, qué siniestras llanuras,
qué oscuros firmamentos, qué mares verticales,
qué rabiosos senderos, qué bosques temerosos
opusieron la furia a su impasible tránsito?

¿Qué oíste, hombre, en la Muerte, más allá de nosotros?
¿En quién apaciguaste tu terror de hombre muerto?
¿A quién viste y qué dijo de tu corteza amarga?
¿Por qué vuelves de nuevo transido de tristeza?

El Hombre, de regreso del umbral de la muerte,
avanza lento; avanza con pesantez de monte,
con su cruda tristeza de buey martirizado;
sabiéndose arrojado, condenado a la Vida...

Ex Hombre

A José Luis Leicea

Resbalas como aceite machacado
fundiéndote en la sombra de las torres;
tan ajenas a ti, tan empapadas
en su pozo de historia. Lentos gritos
se empinan a tu paso, golpeando
tu levedad de espectro acorralado:
lo que resta de ti, lo que sostienes
apretándote el alma con los dientes.

Te duele el corazón igual que un hijo
que conservaras muerto en las entrañas.
Le sientes cómo flota por tu sangre,
cómo choca iracundo en tus paredes,
cómo pesa en tus ansias, proclamando
su derecho a la tierra violada,
su previsto destino de simiente
en la fecunda sombra de los trigos.

Te duele la mirada de los hombres,
el sostenido pasmo de los cielos;
los niños que presienten el peligro
y eluden tu contacto vacilante.

Te duelen con dolor de hombre desnudo
arrojado por ángeles de niebla
a un desierto de llamas, habitado
por clamorosos seres, destrozándose.

Reclinas cansancio y tu derrota
contra muros espesos.
                    Te sorprende
la lentitud del día, apacentando
sus tallos iniciales, con tus hambres,
con tu dolida soledad sin tregua,
con tus miedos antiguos acosando
tu triste carne temblorosa, de hombre,
de hombre que amaba, que creía, que era...

¡Fuiste una vez! Desamparadamente
te atreviste a esgrimir tu voz de hoguera
en un aire agobiado; contra un orden
que impedía el clamor de los insectos,
y cubría de estrellas y de pechos
el paso abrumador del elefante:
como el rico que arroja calderilla
a la avidez furiosa de los pobres.

¡Y no fuiste ya más!
                    Quebró tu acento
el espadón de escarcha del arcángel.
Te fuiste lentamente deshaciendo,
apretándote en ti, viviendo solo
de tus jugos amargos; de haber sido;
hasta quedarte seco como un árbol
en la siniestra cuna de los montes,
donde tus huesos fulgen como espadas.

Quiero

A Eloy Terrón

...Y fuera de nosotros está el mundo,
enorme, terrible. Y millones y millones
de corazones anhelantes, que esperan
«las pocas palabras verdaderas»

DÁMASO ALONSO

I

El sol aún trascendía en las montañas
con pereza de lobo degollado.
Asombradas banderas amarillas
en los erguidos álamos

clamaban contra el aire. Un ceniciento
derrumbe temeroso sepultaba
el suave pecho de las lomas. Ríos
oscuros se desmandan.

El silencio, solemne, como un órgano,
derrama sus minúsculos clamores.
Y, lejos, sorprendidas espirales
de pájaros y voces

acuchillan el aire. Ya la tarde
en sombras se endurece, como un palo,
al rescoldo abrasado del poniente.
Sobrecogido, el campo
muestra su eterno miedo, como un niño
o como un mar, cantando...

II

Pero el hombre no escucha. Nunca supo
traducir las palabras misteriosas
que los vientos sorprenden; la inefable
esencia de las cosas.

Sepultado en su pozo, no percibe
sino el jadeo trémulo del pecho
estrellando sus furias; repetido
por acendrados ecos.

Ignora que la luz es sólo ausencia
de la sombra fresquísima y remota:
cual una ardiente boca despoblada
de besos y de alondras.

Sus sienes, coronadas duramente,
gotean pensamientos como clavos,
sin que brote la sangre de la tierra
y le salte a los labios.

¡Oh la ignorada rosa! Estrellas, pájaros,
y nubes y resoles, le parecen
mundos antiguos, levantado mitos
de hombres de niebla y nieve.

¡Qué inmensa pesadumbre soportada!
¡Qué cruento despojo, sostenido
contra un aire erizado de puñales
y un contorno enemigo!

Tal un piar, dominado, se resigna
y esconde sus espumas y se ofrece
indiferente al golpe de los remos
o al pecho adolescente,

así el hombre abandona sus perfiles
y es un sendero oscuro que recorren
gigantescos fantasmas cabalgando
tigres de sueño y bronce.

...En tanto que los lirios desvanecen
su perfume de carne inviolada
y la luna contempla las estrellas
como una novia amarga.

Pero el hombre no escucha. Nunca supo
traducir el mensaje que se vierte
de la sangre del sol y sus rejones.
El hombre no comprende...

III

Y yo quiero llegarle con mi verso;
romper el duro mármol de su frente;
darme en pan de sus hambres; ser su llanto
contenido o su muerte.

Quiero rasgar sus ojos de caballo,
obstinados de tierra y pesadumbre
e incendiar su corteza furibunda
y resolverla en nubes.

Quiero que sus entrañas le acometan
y le empujen el alma, senda arriba;
que sus manos estallen al contacto
de la estrella o la hormiga.

Quiero hacer que mi canto le florezca
como un inmenso trigo, acariciado
por su sangre. Que arcángeles radiantes
acuchillen su pasmo...

IV

Sé que para lograrlo, su impaciencia
me opondrá suaves lirios desvelados
y lunas abadesas, defendiendo
su clausura de nardos.

Que cerrarán sus puertas a mi espalda
paraísos de bruma y de sosiego:
—Serafines colgados de los árboles,
y lobos y corderos—.

Que niñas coronadas de azucenas
huirán a los celestes palomares,
con un breve revuelo almidonado
de blancos madrigales.

Sé que para lograrlo, roncas voces
sepultarán mis versos en las minas,
roídas por el hombre. Que un destino
de llanto y de fatiga

me obligará a ceder brisas recientes
y angustiarme de fuego en los senderos;
que gemiré de sed y un odio amargo
            calcinará mis huesos.

Lo sé. ¡Pero es que el hombre no comprende!
Ignora que la luz es un milagro
de los ojos. No sabe y se resigna
            como un mar dominado...

¡Y yo quiero llegarle con mi verso!
¡Darme en pan de sus hambres; ser su llanto!...

DE *LAS HORAS PERDIDAS*

(1949)

Retrato

Aún soy como mi padre pudo lanzarme al mundo,
entre relumbres agrios de escarcha y de fatiga.

(En el largo pasillo, el viento es como un toro
derribado y sin sangre. El alba se alucina).

Cuando nacen los niños con destino de niebla
hay increíbles lágrimas, desoladas pupilas
que contemplan absortas el caliente despojo
como una gran desgracia.

                                        Lentamente, crecía
aquel que fui de niño, con lentitud hambrienta;
curtiéndose las carnes y el alma en las esquinas.

Llegó la Muerte un día.
El padre —tan cansado— acabó, indiferente.
El hermano pequeño sonreía
y la madre lloraba con hipos de cordera.
Yo, pensaba...

                (En un vaso, la lamparilla ardía
con clamores de arena).

Y fui hombre, de pronto.
De los que atienden al grito de la cría
desde nidos hondísimos.
Hombre de presa, atento al pan de cada día.

Ser hombre y proclamarlo, es enterrarse.
El mundo
es una egregia ruina
cubierta de tristezas. Un duro mediodía,
de Amor y de alto cielo
asaltó con su estruendo mi melancolía.

Fui el esposo-soldado
que, entre nieve y rencores, su esperanza vigila:
(Los hijos de mi carne serán lo que yo sea,
aunque me cueste abrirme las antiguas heridas).

Ya no sé si soy bueno. Ni ser malo me importa.
—¿Quién dará la medida?—
Camino con mi fardo de amor a las espaldas,
y, cara a cara, espero hablar a Dios un día...

Lluvia

Llueve gozosamene. Cómo empuja
la tierra su corteza de cemento
por ofrecer sus labios a la lluvia
desesperadamente abiertos, secos.

Relucen los tejados con asombro
a la cárdena luz del aguacero,
dejando resbalar por los costados
la melena fresquísima del viento.

La rosa ha quebrantado la clausura.
El mármol se desprende del silencio
y da al aire su grito apasionado...

¡Oh, corazón del hombre, prisionero;
la lluvia golpeando en sus cristales
y él eludiendo su inefable beso!

Tarde

El alto sol contiene
su ebriedad de muchacho;
las pardas nubes fulgen
como bronces labrados

y, lejos, la ancha lengua
del río se abre paso
entre juncos absortos
y florecidos nardos.

Huele a tierra preñada,
y un maternal halago
esponja el ancho vientre
inmóvil de los campos.

De pechos sobre el aire,
siento su grave abrazo,
su elemental ternura
purísima, flotando.

Mi gravidez resuena
con un eco lejano
sobre la tierra oscura
y fragorosa.

Un árbol
me muestra sus muñones
calientes, estallando.

Al amparo del cuesto,
un pueblo —sol y barro—
se derrama en silencio,
oscuro y despoblado.

La serena consciencia
de la tarde. El sol alto
como un pan. La esponjosa
preñez del ancho campo...

La elemental pureza
de las cosas, rodeando
mi aislada pesadumbre
de hombre de hiel, llorando...

Amor

Extenso mar, o renovado velo;
cuna del sueño, en la que el ser madura;
alondra vertical ganando altura
en la flotante música del vuelo.

Si látigo, te ciñes con anhelo.
Si beso, resplandece tu blancura
y la tierra redime su clausura
en la pradera extática del cielo.

De la raíz del hombre te alimentas
de sus jugos más nobles, y le dejas
como una negra tierra fecundada.

¡Mírame ciego, Amor, buscando a tientas
en un mundo de adioses y de rejas,
la salvadora luz de tu mirada!

Evidencia

¿El Amor es tan sólo
el labio que le nombra;
una voz en la sangre
extrañamente amiga?

Su musical latido
como en la rosa crece
cósmicamente y se abre
tal un fruto celeste.

¿La Belleza transforma
su sencilla evidencia,
o los ojos persiguen
los perfiles remotos?

No es el día más claro
ni más lúcido el aire
porque la luz se envuelva
o a un dulce sol se rinda.

Claridad que nos viene
del oriente del alma,
cómo invades las cosas
y les das luz y forma...

Insospechadamente
el mundo se resume
y, definido, muestra
su claro ser, su esencia.

Adelanto la frente
a la lluvia y su gozo
me conmueve en un beso
profundo y sosegado.

La redondez del aire,
apenas si nacido
ya proclama su triunfo,
su invasión imprevista.

Y la sorpresa intacta
de la luz. Y la rosa
en el ingenuo alarde
de su perfecta cima...

Mundo fuerte y sencillo
con su pura belleza
cambiante, como el mar
remoto y milagroso.

Volver a los caminos
soñados, como vuelve
el desterrado un día:
con la Patria en el alma.

Virginales, los seres
avanzarán sus manos,
tocarán nuestros labios
y el verbo se hará flor.

Y diremos los nombres
sencillos de las cosas
con la voz de los árboles
y el ritmo de los ríos.

Cantaremos: Amor,
y Noche y Rosa y Viento,
dejando que los astros
y el corazón recreen.

Y gritaremos: Monte
y Mar, Cielo, Esperanza,
como las caracolas,
tristemente lejanos.

Y soñaremos: Vida,
Libertad, Muerte, Deseo,
sin pétalos retóricos
ni palomas cansadas.

Y rezaremos: Dios.
Así, sencillamente.
Como a un buen padre llama
el hijo abandonado.

Monte de soledad

Te contemplo en el recuerdo;
la manera más clara de tenerte:
Oh, monte hermoso. Lento, sin destino;
fragante puño bajo el corto cielo.

Al borde de la Ciudad,
arañado de sol y de pinares,
tierra roja, como la piel de un niño,
que la noche madura y acrecienta.

Cruzada la llanura y el río enjuto, roto en charquillos
verdes,
escalábamos tus piernas poderosas,
mirando hacia lo alto,
donde tu cima era un blanco paraíso.

No tenías entonces aspecto de montaña perdida en el
misterio;
tu grandeza era fuerte y sencilla:
parecías un viejo labriego descansando sobre la tierra
noble
aspirando el aroma de los trigos lejanos.

Ya pasados los años, ¡quién recordaba el crudo
sabor de tu aire! Eras ya sólo cueva,
nido oculto del odio;
porque también el hombre se acorteza.

Volvíamos a ti con sangre y desventura
a ensayar el poder de la rabia,
y entre el humo y el hierro, la soleada brisa
sólo prometió sangre: tu más amargo jugo.
Hoy ya tienes un nombre: Monte de soledad.
El murmullo del río es un oscuro grito que desde el fondo llama
y los dulces pinares una gran sombra ardiente
velando tu destino: la muerte que te invade.
Pero acaso tú seas el inalterable, el puro
(pájaros y constelaciones te contemplan aún fragante y
poderoso),
y mi recuerdo busque, entre rotos espejos, su corazón de niño
para reconocerte...

Bienaventurados los pobres

Llegáis de las regiones del salitre,
arrancados por vientos y cuchillos;
triste carne de ortiga y mordedura,
caída como un fruto de pecado.

Despavoridas sombras, empujadas
continuamente por el sol naciendo;
continuamente rotas; de continuo
sacudidas por pánicos celestes.

Desnacidos clamáis. Buscáis en vano
la raíz de la sangre, el hueco oscuro,
húmedo y fiel, en que se abrió la estrella
que os clavó contra un aire de ceniza.

Os contemplo en silencio, reflejados
en los pálidos charcos, que la lluvia
alimenta en las calles olvidadas,
mordiendo duramente vuestros nombres.

Huecos seres de pana rencorosa,
despojos sucios de la mar inmensa.
¿Qué recuerdos sostienen en la playa
vuestras podridas vigas?

¿Son alcobas de mármoles y espejos?
¿Pálidas rosas, escarchadas músicas?
¿O las doradas brumas de la aurora
batiéndose entre sedas y esmeraldas?

Es difícil saber si os duele el aire,
cuando, con voz de tigre, se acumula.
Es difícil saber si en las pupilas
tenéis azufre o fuego, o sólo lágrimas.

Es difícil llegar por vuestros dedos
a un corazón de esparto o de ternura.
Es difícil saber... Porque sois pobres,
y los pobres son pozos sin medida.

Porque ignoráis que hay seres macilentos
que hacen versos y músicas; que tejen
dorados sueños para las muchachas
y palacios de niebla, inhabitables.

No conocéis el esplendor de un alba
hecha de luz eléctrica y violines,
crujiente de almidones y de encajes,
tutelada por rígidas duquesas.

No sabéis del chocar de esbeltas copas
rebosantes de vino y de retórica;
ni del agrio sabor de los pescados
del viejo Volga o del Danubio azul.

Sólo sabéis decir, con roncas voces,
que tenéis hambre o frío, y, entre cánticos
de ritmo bárbaro, meceros, acunaros,
hasta olvidar, dormidos, que sois hombres.

No conocéis más flores que los hielos
prendidos a la carne; ni más albas
que la ausencia cruel y despoblada
del alto firmamento que os hostiga.

No sabéis de más vino que la sangre,
ni de más alimento que el pan seco
roído en despoblado, como perros
perseguidos por niños, a pedradas.

Vivís sin primaveras, sobre un húmedo
mundo sombrío de azulados limos.
Y vuestro pobre corazón de trapo
rebota silencioso entre la nieve.

Llegáis de las regiones del salitre;
de las constelaciones más amargas;
del más puro silencio, del más hondo:
el silencio del hombre desamado.

Sois como una lluvia densa, golpeando
el bronce roto de una gran campana
colgada de los árboles, en medio
de un campo rojo y solo...

Por eso yo quisiera con mi verso
coronaros de yedras violentas,
en este día teológico de marzo,
transparente como una inmensa pena.

Y besaros los ojos de diamante;
y los labios de tierra destruida;
y entregarme también a vuestras hambres
como un pan sin cesar multiplicado.

Porque buscáis en vano las raíces
de vuestra muerte oscura, yo quisiera
inundaros de auroras o de sangres,
y surcaros, desnudo, como un astro.

Porque llegáis del más duro silencio,
grito a los cielos: ¡Bienaventurados
los pobres, porque ellos tendrán la música,
cuando la tierra sea un apagado eco!

Las alegres brujas

III
Nana con Bruja

¡Duérmete, niño; la bruja
de los dientes amarillos
mira por la cerradura!...

Sus largos brazos de niebla
buscan la flor de tu sueño
por debajo de la puerta.

Un diablo negro la guarda
con cuernos de caracol
hasta las luces del alba.

Porque el arcángel Miguel
quedó dormido en los Brezos
del abuelo San José...

¡Mi niño!... ¡Las doce ya!

(La bruja de los tejados
monta en la escoba, y se va).

V
Bruja de los gitanos
(Homenaje a Lorca)

Yo sé que para encontrare
he de cruzar las callejas,
con sus hondos vientres huecos
y sus pardos centinelas
abriéndose el corazón
a cuchilladas de estrellas...

Que he de saltar las murallas
acorraladas y enfermas,
pisándome las raíces
de recuerdos y tinieblas,
y atravesar los postigos
de perros y enredaderas...

Yo sé que para encontrarte
he de arrancarme la venda
que me sujeta los pulsos
y les contiene y les siega
y derramarme en un agua
desnuda sobre las piedras...

Que he de echar el corazón
a los hombres y a las fieras,
y estrellar mis veinte sangres
en firmamentos de arena,
mientras soldados de plomo
mueren con las botas puestas...

Cantando por praderas sin orillas,
desnuda como un sauce adolescente,
ofreciendo a la lenta noche en marcha
el beso de tu carne de aceituna.

Tus brazos de relámpago, creciendo
y estallando en granadas y abalorios
contra un viento quemado por tu paso
y acosado por frescas picas de agua...

¡Si los potros del aire te llevaran!...
¡Si el destino te abriera su costado
y pudieras ver Córdoba, tan sola,
esperando tu voz de olivo y luna!...

En arroyos de nieblas y silencios
aletean tus pechos de paloma;
voraces peces ciegos te persiguen
con un siniestro estrépito de escamas...

Sé que así he de encontrarte,
carne de sino y centella;
así he de verte, quemando
tu pabilo de azucena,
mientras por el aire cruzan
arcángeles sin cabeza.

¡Ay, bruja de los gitanos!
¡Ay, consumida candela!
Guarda tu buenaventura
para las celestes Ferias

que por las trochas del alba
—sombra de espanto y espuelas—
mordiendo un tallo de trigo,
se acerca la Benemérita...

Fábula de la esperanza

I

Era la madrugada. La luz pura,
resistía el apremio de las cosas,
ansiosas de perfil, entre la bruma.

Despertaban las aguas y los pájaros;
y, así la noche de silencios, todo
se iba poblando de menudos astros.

Surgía lentamente de la nada
un milagroso alarde de colores:
la vida, en plenitud, desencantada.

De su mágico asombro desprendido
un gran sol, tibio y blando, acariciaba
con dulce mano la quietud del río.

Oh Poetas; cantad el mundo bello,
su castidad de luna, la alegría
de este incansable hacerse, siempre nuevo.

XIV

Escalo por un día de ceniza,
por aires quietos, sin sabor, asciendo,
hueco de soledades y agonías.

Cometa de rencor, desaparezco
con inseguro rumbo, entre las nubes
ociosas. De la muerte a muerte vengo.

En un monte de nieve me contempla,
y le digo:
 «Señor, ya estoy contigo:
éste que ya no soy, es lo que queda,

gastado por Tu mano. La amargura
del mundo es muda y negra, como el eco
de una campana rota entre la lluvia...».

Ojos de eternidad, desazulados,
me envolvieron.
 Miré, y la tierra era
dura esperanza.
 ¡Y esa esperanza canto!

DE *LA ESPADA Y LA PARED*

(1949)

Las madres

I

Ya no es posible verte —¡oh tierra fría!
¡Oh triste cementerio abandonado!—
sin rasgarse los ojos. Sangre has dado
lluviosamente. Sangre y agonía.

El corazón de llama que encendía
tus duros huesos, yace abandonado
como un dulce recuerdo, pisoteado
por bisontes de niebla y cobardía.

¿Qué han hecho de nosotros? Hondas voces
claman en las cunetas. Los caminos
se pueblan duramente. Flotan, llegan

ansiosas multitudes, manos, hoces
de primitivos soles diamantinos
que a tu contacto —¡Oh Patria!— fulgen, ciegan.

II

¡Qué suerte mereciste, oh Patria mía!
¡Qué muerte te llovió sobre las venas!
Con crudo sollozar de hierro llenas
tu prolongada fosa, tu agonía.

Porque bien muerta estás si cada día
pesan más duramente tus cadenas;

más abrasa tu grito, y a tus penas
no ofrece el corazón su mediodía.

No es el dolor confuso de perderte;
ni siquiera la gloria de vengarte
viéndote oscuramente machacada.

Es llevarte en los huesos, merecerte
como la vida, a fuerza de buscarte
en el hondón del alma, rescatada.

III

Si soy todo de ti ¿por qué me alejas?
Si me pariste madre, ¿por qué, airada,
me niegas el fulgor de tu mirada
y, entre escombros de luz, solo me dejas?

¿Quién puso en nuestro amor furias y rejas?
¿Quién sembró de cuchillos mi pisada
y te colgó de un alba ensangrentada
en que, amenazadora, te reflejas?

Malmaridada madre, que me diste
un padrastro de cólera y de viento,
brotado, como un toro, de la nada.

No fue entrega la tuya. Te rendiste
con tristeza y con sangre, y tu tormento
duele como una antigua cuchillada.

IV

Cuando te digo madre,
toda te me despliegas como un inmenso viento
lamiendo mis orillas,
haciéndome tan tuyo que tu calor me sume
y, abandonado, muero de la más dulce muerte:
retornando a tu seno.

Cuando te digo madre,
tu gran frente de nube
se desploma en mis hombros
con silencio de lluvia;
y me siento feliz naufragando en tus aguas,
deshaciéndome en ellas, como una estrella ciega.

Cuando te digo madre,
eres un ancho lago, un profundo mar solo,
un larguísimo océano;
y yo soy como un árbol despavorido, roto
sobre tu dura lámina
silenciosa y amarga.

No recuerdo tu risa.
Tú no reíste, madre. Fuiste siempre tan pobre
que naciste sin ella.

Y tus bodas sonaron a tropel injurioso
bajo las frías bóvedas
de una iglesia de niebla,
de indiferencia y prisa.

Te nacían los hijos
como una gran desgracia, temida y deseada,
y en ellos fuiste dando
tu desolada savia de arbusto, hasta exprimirte
—tal un odre vacío—
bebida por tu carne.

Cuando te digo madre,
te recuerdo en el grito de aquella madrugada:
Por el hondo pasillo
avanzaban, buscándote, los hijos. Y brotaste
como un fragor de sombra. Los ojos te dolían
de odiar con la mirada.

Refulgía tu cuerpo
como una viva espada, desnudo, ante la muerte
que, insensible a tu angustia,
a tus manos crujientes, a tu voz tormentosa,
seguía profanando tu dolor y tu casa,
pisándote los ojos.

Ya no soy de este mundo,
ya soy ajeno al aire, a la voz, a la tierra,
y aún me duele tu grito
y me queman tus manos, arrancando mi carne,
porque algo te quedara.

Cuando te digo madre,
te veo persiguiendo mi sombra entre las rejas,
gritándome tus miedos,
aullándome tu amor, desesperadamente,

dejándome en el alma un fuerte olor a lágrimas,
y a besos degollados.

Azuzaban tu marcha
empujándote, hiriéndote; y tú les devolvías
tus claros ojos ciegos
y sólo les decías: «¡Es mi hijo! ¡Es mi hijo!»
cual si un hijo en las cárceles del mundo
mereciera la pena.

Ya eres sombra tan sólo,
ya ni el odio te bruñe. Suenas hueca, lejana,
ausente de ti misma.
Te sostiene el recuerdo del hijo que pariste
y que arrancaron vivo de ti; ahora más tuyo
en la dolida ausencia.

Es tu voz la que duele;
tu voz que se derrama por la estancia vacía
acunando aún su sueño;
como cuando de niño su borbotón rosado
bullía entre pañales y tú le serenabas
con ángeles y flores:

> «Duérmete, coral,
> que el alba es una rosa
> y el firmamento un mar...
>
> Solecito velero
> harto de navegar;
> acorrala este frío

de mi niño, que está
como un pájaro roto,
y no puede volar.

Duérmete, mi bien,
que he colgado en tu cuna
la estrella de Belén.

Y por el aire vienen
el Niño y San José;
San José con un nardo,
Jesús con un clavel,
y la Virgen María
corriendo va tras él.

Duérmete coral,
que me duele tu frío
y no puedo llorar...».

El silencio de la cárcel
anuncia la madrugada.
Todos duermen —¿Duermen? ¿Mueren?—
con sueño de lumbre. Pasa
—rumor de hierro y de frío—
la vigilancia.

«Duérmete, coral;
que el alba es una rosa
y el firmamento un mar...».

Al otro lado del mundo
un clamor de vida estalla
y una golondrina cruza
el lago de la ventana.
Abajo, cruje el portillo
y se releva la guardia.

> «Duérmete, mi bien;
> que he colgado en tu cuna
> la estrella de Belén».

En el hondón del patio,
con el frío del alba
echan humo los cuerpos
y las almas.

¡Ay madre! ¿Por qué estos muros?
¿Quién les levanta?

> «Duérmete, coral;
> que me duele tu frío
> y no puedo llorar...».

Cuando te digo madre,
eres una gran tierra sembrada de hijos muertos;
una inmensa montaña
de madres silenciosas, ajenas; huecas madres
hincadas en las piedras del mundo, como cruces,
con los hijos colgados de la carne.

Y, fin
(Canto de vida)

> *...Porque algo debe amarse*
> *mientras dura la vida...*
>
> LUIS CERNUDA

(Ni el tiempo, ese ancho mar cambiante y mudo,
en el que sume el alma su reflejo
—vibrante pez de dolorida escama—,
puede borrar la huella,

ni serenar la confusión metálica
que, en duras espirales
conmueve el corazón y le levanta
hasta el cielo oprimido de la frente).

Porque hay algo sencillo y misterioso
—un recuerdo tal vez, o una palabra
lanzada al corazón— que nos mantiene
extrañamente vivos.

A veces, una voz entre los árboles
es una flecha negra destinada;
o el fulgor del diamante nos recuerda
aires de muerte y dedos estelares.

Porque ni el tiempo borra; ni la lluvia,
tan patética, humilde y bienhechora,
deshace el hondo surco que en el alma
dejan las cosas.

Como pozos, miramos la tristeza,
y allá, en su fondo, el fuego centellea
del recuerdo, como una viva daga
destilando su gota transparente.

¡Oh atracción de lo hondo! ¡Tiranía
del lívido reflejo, que nos dobla
sobre el brocal clemente y nos arrastra
al húmedo recinto!...

Arrojamos al fondo las palabras
cazadas sobre cálices y estatuas:
patria, gloria, felicidad o muerte
y son como tambores en la selva.

Desnudamos los astros y les damos
nombres de soledad: amor o música,
porque entre besos y canciones ciegue
su pupila la nada.

Y aún el vacío insiste, sueña, grita,
rodeado de ciencia y desventura
y quisiera cubrirse, hasta los bordes
con flores o con muertos.

* * *

Pero algo debe amarse, compañero,
mientras dura la vida y nos convoca.
¡Plenitud impaciente de la rosa
condenada y radiante!

¡A morir van los ríos, pero avivan
su desnuda canción entre la verde
sorpresa de los bosques; despertando
la sencilla belleza!...

¡Volvamos a la luz del claro estío
con el gozo frutal de sus aromas,
coronados de pámpanos y rosas
como dioses recientes!

¡Sigamos las frenéticas banderas
—color del viento, cimas de la gracia—;
las palabras audaces que iluminan
las blancas dentaduras!

¡Busquemos el amor sobre la arena
bajo el ferviente tálamo del viento:
ásperas crines, nácares, espumas,
arrebatadas músicas o muerte!

¡Oh libertad del aire; persigamos
su puro aliento, el goce de su vuelo,
o la verdad del hombre y su destino
en el sueño de Dios!

¡Porque algo debe amarse, compañero,
mientras dura la vida!

DE *NUEVOS CANTOS DE VIDA Y ESPERANZA*

(1952)

Amanecer

Pero las horas suenan como piedras
que alguien, de lejos, lanza en el vacío.
Ruedan, se pulen en el sueño, y caen
amargas en la boca.
Escucha entonces
una voz que le dice:
—Ya es de día—
y abre los ojos con trabajo, mira
confuso entre la niebla, y, poco a poco,
va precisando luces desmayadas,
pequeños grumos de ateridas sombras.

Otros ojos, ya claros, le conmueven;
tiran del corazón piadosamente
como de un niño ahogado, rescatándole
a la luz que entredora su sonrisa.

No es un día que nace, es el regreso
de otro lejano que aún conserva intacto
en el rincón más frío de los huesos:
Cuando era niño oyó otra voz también
que le decía:
—¡Arriba!— aunque agregaba
muy tímida: ¡hijo mío!...

Pero el día
era, como éste, usado.
Sólo el bronce
endurecido del recuerdo canta
con un son breve el tiempo y le conserva.

Las carbonilleras

Nadie las preguntaba.

Eran como un redondo charco
de agua
en el asombro de la noche.
Una tímida mancha
ceñida al balbuciente
temblor del alba.

Su calle las abría la mano poderosa
rescatándolas;
y, entonces, de la pura negrura de su ser
una sonrisa o llama
fulgía brevemente.

Nadie las preguntaba.

Pasaban a su lado
las pálidas muchachas
con luz de violetas en los ojos,
y los hombres azules de la madrugada,
esquivando sus sombras; sintiéndolas acaso
como el oscuro borde de la mañana
o el turbio sueño, deslizándose
sobre el ocre de las fachadas.

Brotaban en la calle
con un corazón inmenso a las espaldas,
¿de qué nocturna mina?

Nadie las preguntaba.

Porque sangran las manos
si se escarba en la escoria de las máquinas.

Cuando está ya la noche endurecida
asaltan
los calientes escombros
y hacen su provisión de fenecidas llamas.

Son una triste jauría temerosa,
una oscura manada
disputando un montón de secos hielos
con silenciosas dentelladas.

Si la luna descubre corales cenicientos entre vías,
relumbran sus escamas,
su voraz dentadura de carbonilleras
y un tumulto de nieblas se levanta.

Llegan a casa dobladas de negrura;
escupen tristemente negro polvo;
                                                        descargan
su apretado botín.
                                    Tal vez se duerman
soñando Paraísos de escorias apagadas.

¿De qué nocturna mina?

Nadie las preguntaba.

Niebla

¿De dónde brota o cae? ¿Qué amplio aliento
resume el resplandor de las estrellas
en tierra de ceniza, desbordada
como un inmenso lago de tristeza?

Alejados confines apresuran
su diluvio de sombras.
                                        Todo muere
(bajo el asombro blando de la niebla)
en el total silencio, amargamente.

Entre los torpes bueyes invasores
quiebra su filo reluciente el viento.

¿Y la verdad? ¿Y el hombre?
                                        ¿Quién le canta
ya misterioso vaho, húmedo sueño?

Hombre sin origen

Si alguien le perseguía
abandonaba su sombra en el estiércol
y cerraba los ojos.
                    Las piedras no llegaban.

Su demonio, ¡con qué materno amor le defendía!

Volvía siempre oscuro y silencioso.
Su ebriedad era cárdena,
del color de la aurora;
pero nunca la luz le sorprendió en la calle.

Olía a tierra negra, elemental y pura:
tierra recién brotada
(revuelto mar nocturno
que las estrellas miden).

Y sonaba su paso igual que la moneda
que se arroja a un mendigo: repetido,
fríamente alargado por el eco,
cobre roto en la torpe claridad de la mañana.

Todos le conocían.
                    Pero su origen
era de él solamente. Se creaba
todos los días su propio ser, a esa hora
en que buscan los pájaros el amparo del bosque.

Así fue el hombre en sus principios: sombra
sin hacer o luz manchada.

Porque ¿quién ama o sueña, sin cesar naciendo;
sin acabar de ser?...

Niños

Qué magnitud de vida,
de esperanza, trasciende.

La tarde se ha quedado
presa en el aire leve.

Pero los niños buscan
sus purpúreas fuentes
y la derraman toda,
ya luz, por las paredes.

La cinta de la calle
—¡qué hermosura!— se enciende,
se desnuda, es un río
lleno de blancos peces.

Pero los niños se abren
las venas con los dientes
y, ya sangre o aurora,
con júbilo se ofrecen.

Pasan, huecos, los hombres
evadiéndose. Tienen
profundos brillos, almas
de repentinas nieves.

Pero los niños rompen
el centelleo y crece,
elemental, la gracia

redonda de su vientre.
Porque los niños miran
el horizonte breve
y el futuro les nace
como un metal caliente.

Canción para dormir a un niño pobre

Ángeles con espadas
custodian el aire.
Un toro de sombra
mugiendo en los árboles.

—Madre, tengo miedo
del aire.

Mira las estrellas.
Aún no son de nadie;
ni son del Obispo
ni son del Alcalde.

—Madre, quiero una
que hable.

Patitas de cabra
siguen vacilantes
al osito blanco
de la luna errante.

—Madre, quiero un oso
que baile.

Pandero de harina:
lana en el estanque.
Las cinco cabrillas
sin cesar, tocándole.

—Madre, se me hielan
las carnes.

Floridas de escarcha
ya son como panes.
La aurora las dora
y acorteza el aire.

—Madre, no te oigo.
¡Tengo hambre!

¡Uuuuuuh!... Duerme, mi niño,
que viene el aire
y se lleva a los niños
que tienen hambre.

Dulce amor

Las cosas suceden así,
sencillamente:

Vuelven del trabajo
con sabor de cal viva entre los dientes.
La esposa les contempla con costumbre.
—¿Quién dice amor, si la palabra estalla?—.
Y cogen del pan,
como si fuera barro y arena,
un puñado tan sólo.

(Es pan de pobres, desalado y negro
y triste como el silencio de la casa toda).

Y se marchan.

(La esposa les oye cerrar la puerta,
pero no dice nada. ¡Está tan cansada!...
Prefiere aquella fría soledad con olor de abandono.
Pudiera recordar su juventud y dormir,
pero ¿quién sueña o duerme?
Los pobres no recuerdan;
mueren como las piedras roídas de las murallas).

Ellos, en tanto, beben
un agrio vino con sabor de azufre;
y si ríen y gritan y golpean,
es porque —¡Dios, qué vida!—
da rabia beber sin alegría.

Acaso entonces lleguen hombres
de esos que velan por la paz de las familias,
y les hablen del dulce amor de las esposas
y del descanso junto al fuego,
escuchando, por la radio, una bella canción,
mientras los niños buscan en el Atlas
países coronados de yedras o corales...

Si esto sucede, gritan con más fuerza
y beben más vino agrio con sabor de azufre,
hasta que ya no saben dónde tienen los ojos,
ni por qué les duele el corazón.

Les arrojan con prisa.
La calle es larga, y en el firmamento,
las estrellas relucen.

Regresan a la casa —¡oh, dulce hogar!— llorando.

La esposa les contempla con costumbre.
—¿Quién dice amor, si la palabra estalla?—.

Vengo de mí

Humildemente vengo a mis orillas;
regreso ya de mí, apenas ido,
y el silencio me ofrece, agradecido,
todas sus soledades amarillas.

Gastado por el uso y por la pena,
el corazón entrega su latido
a este querer antiguo, malquerido,
que tan gozosamente me condena.

Sencillamente vengo hasta mi muerte
con el dolor profundo de haber sido
sólo una voz que el viento desordena.

Soy el eco confuso de mi suerte:
me llevo a las espaldas, malherido,
y a mí sólo me duele mi cadena.

Regreso

Ya me tienes en ti de nuevo. Acaso
nunca pude alejarme de estos muros
vivísimos que, abiertos siempre, tienen
largos brazos de aurora o de agonía.

Recorrer el silencio de estas calles,
que son como cinturas, apretado
a sus sombras moradas, a la herida
de hielo que en la luna se repite,

es recobrar la antigua certidumbre,
el ser entero que la luz recorta.
Como aquel que camina entre la niebla
y un resplandor, de pronto, le resuelve.

Estas son las raíces que me llegan
al corazón; la voz que a la garganta
desemboca; la mano que me tiende
la copa verdadera de la sangre.

Regreso del laurel y la escayola;
del dulce silbo, de la estrella seca;
de un mundo de ceniza, con espejos
de purpurina y sueño, repitiéndose.

Toco gozosamente estas paredes
de barro y paja, como vientres cálidos
y fecundos; escucho su latido
cruel de triste bestia que se rinde.

Aquí contemplo la vida, me hago llama
de esta hoguera de manos que levanta
sus negras lenguas a lo alto. Siento
que soy un hombre más entre los hombres.

Y un vestido de angustias me abandona
sencillamente, así la noche deja
desnuda el alba y libre, aunque con frío,
cuando lejanos sones la presienten.

Frío tengo en el alma, pero canto,
ahora que estoy aquí de nuevo y veo
tanto gozo y dolor, tanta miseria
y tan clara esperanza compartida.

El mar

Allá, reverberando,
sin tiempo, el mar existe...

VICENTE ALEIXANDRE

Amé tu soledad, tu lejanía
sin cesar renaciendo, de ola en ola,
con la pompa de un brote insospechado
que transforma y redime lo evidente.

Amé tu adolescencia de manzana
mordida: tu acrecentado límite
que la aurora levanta: la ancha herida
del sol, que te sortea, derramándose...

Amé tu augusta plenitud: tu largo
y estremecido aliento: tu resuelta
razón de vida bajo el cielo, cuando
eras tú —mar profundo— cielo solo.

Abrazado a la fresca arquitectura
de tu brisa radiante, pecho a pecho,
sentí tu carne joven resbalando
por los arroyos tibios de la sangre.

Tu sorpresa, tu abrazo silencioso,
dejaba hebras serenas en mi frente:
(como la escarcha verde del abeto)
llenas también de música y cristales.

Humildemente te esperaba. Entrabas
dentro de mí furtivo, pero hermoso,
y me colmaba de tu voz, tendido,
tal una caracola resonante.

Te tenía en las manos, todo entero,
como un ser vivo: resbalabas, ibas
dejando entre mis aguas, como un sauce,
tus fugitivas ramas, resignado.

Tenías el sabor —si te besaba—
de la encina, y olías como un bosque
con lluvia.
(Sólo un pájaro desnudo
dentro del corazón). Y, arriba, el agua.

Arriba sólo tú, oh mar insomne:
alertado vigía de ti mismo...

(Herido por tu huella, el aire busca
tu amoroso latido, entre las rocas).

Hoy que estoy lejos de la rosa ardiente
de tus espumas, de tu luz eterna:
y es un cadáver rescatado en vano
mi naufragio lejano entre tus ondas.

Hoy, que soy hombre solo, que no tengo
mar que me ciña, que me envuelva, brisa
que me corone con su verde pámpano,
ni arena para el árbol de la sangre,

vuelvo a tu amor, oh mar de mi recuerdo,
a tu pureza juvenil, al claro
misterio de tu luz, creada a tientas,
a brazadas de un Dios sin tiempo, eterno...

DE *LIBRO DE SANTIAGO*

(1954)

Invocación a Sant-Yago

Y allí, sobre los ángeles, Santiago.
El tremendo Sant-Yago, Hijo del Trueno;
con sus barbas de sal marina; todo
piedra enteriza, frontera de los vientos.

No tiene el mar su acento, su profundo
latido; ni la noche, en el silencio
de las piedras antiguas, su resuelta
plenitud estelar de ser eterno.

Árbol de fundación, de copa airada
y reseca raíz, metida dentro
del corazón de España, resucita
impetuosamente de entre los muertos.

Muertos batalladores, que no cejan,
—inmortales bajo la cal del tiempo—
como la vida vegetal, que se hace
de su propia derrota renaciendo.

De tierra brava, de sudor, de gana
humana reforjado.
                                        En tanto, el cielo
sobre sus hombros pesa y le contiene
en su gloria española prisionero.

Allí estaba Santiago. Decisivo
vigía de la fe, sobre el inmenso
campo de soledad del hombre: Piedra
apostólica. Entre Arcángeles, terreno.

***

—¡Defiéndenos, Santiago, de tu España,
batalladora con sus propios muertos!
De esa España de piedra, fronteriza
de la pasión y la muerte, ¡defiéndenos!...

La sentimos pesar en nuestra sangre,
revolvernos las hieles del recuerdo,
alzarse en negras llamas teológicas
en el desnudo bosque de los huesos.

Cruelísima amante, a la que vamos
despavoridamente desnaciendo;
tal la tarde sangrienta hacia el remoto
resumen de la luz sobre los cerros.

De esta furia de amor, de esta tristeza
amasada con rabia y sufrimiento;
de este hacernos España, día a día,
a golpes de corazón, ¡defiéndenos!

¡Defiéndenos, Santiago, de la España
que llevamos cada uno en los adentros:
La España tuya y mía; la invasora
y sarracena España de los muertos!...

DE *FURIA Y PALOMA*

(1956)

Ciudad amenazada

Ciudad amenazada por la sombra,
tierra gigante, que, entre muertos, te haces
cada día, olvidándoles, sirviéndote
del eco sostenido de su fuerza.

Isleña tierra mía, circundada
de repentinas sangres, casi humanas;
atlética y paciente, desmedida
Ciudad abierta, que al recuerdo naces.

No se llega a tu altura desde el sueño,
despertando de pronto entre las nieves
de tus sienes desnudas, si se alcanzan
en angélico vuelo tus arrugas.

Desde el tiempo anterior a los orígenes;
desde antes que la luz se convirtiera
en tierno llanto, y que la voz buscara
el Principio del Verbo, yo te hacía;

te iba haciendo conmigo, poco a poco,
diente a diente, piedra a piedra;
corno se hacen los hombres y los montes
deshaciéndose en ellos lentamente.

¡Oh Ciudad de mí mismo!; fronteriza
tierra del odio, que el amor conmueve
saliendo por la boca —tal el áspero
fuego oscuro al volcán—, purificándola.

***

No te canto, tan sólo te describo;
te anoto, te disparo, te reduzco;
Ciudad mísera y noble, tierra mía,
que me vives, muriéndome en tu seno.

***

Llego hasta ti cansado, pero entero;
con tierra entre los dedos, tierra negra,
tierra de negación, pisada tierra,
que en la frontera de los dientes cruje.

Y, así el labriego, vencedor del surco,
deja el arado y mira el alto cielo,
y, con sudor y viento, se rehace,
yo te contemplo. Me contemplo a solas:

caminando en el barro y la tristeza
con frías zapatillas; con dolidas
plantas, casi con alma; con silencio
nocturno entre los huesos de alba y miedo.

Lejos aun del rencor, como en un sueño,
veo a mi madre, tan segura y firme;
imperiosa de sangre y sufrimiento,
tan ácida y voraz entre la niebla.

Inagotable loba, a dentelladas
arrancando de sí despojos de hambre;

que nos daba entre rezos: —«El pan nuestro
de cada día...»— y con sabor a lágrimas.

Era la noche y el silencio. Entraba
hasta la estancia luz de luna. Afuera,
en otro mundo, rechinaban hierros
de trenes, con sudor de cueva y hombre.

Y un Dios moreno, crudo; Dios de España
oloroso a herramienta, a sangre, a barro;
un Dios pobre y cansado, nos abría
con dulzura los brazos...
Y dormíamos...

(Dormir es pan de pobres, alimento
que devuelve las ansias a los ojos
y les cierra, empujándoles, con golpe
de arena fría, de desesperanza;

y también pedernal, furia y paloma;
agua de acero que entre rocas late,
que da temple a los huesos, resistencias;
combativa estructura a la palabra).

Dios estaba en nosotros, como el viejo
de la buhardilla, silencioso, inmenso;
aunque herido en los ojos, malherido
por tanta triste luz acumulada.

A veces se quejaba con palabras
terribles:

—«¡Quitad de mí estas hieles!».
Porque el hombre no clama. Es Dios quien gime
desde la hondura del dolor humano.

No es el hombre quien grita:
—«Abandonadme.
¡Liberadme, Señor, de vuestro peso!»
sino Dios, desde el hombre, que protesta,
rompiéndose, saliéndose a la boca.

Porque el hombre es un pozo de silencios;
un planeta vacío; como un ansia
de Dios, que Dios mantiene y colma.
Sin Su presencia, el hombre calla, duerme...

* * *

Ahora que escalo tus alturas últimas,
que te poseo irremediable, escucho
tu acentuada voz, tu proclamada
serenidad de muerte, en el recuerdo.

(Retorna el corazón a sus orígenes;
se hace inmenso, sangriento, reconstruye
sus caminos, sus cárceles, sus penas,
y se siente inicial, no proclamado).

Así, aquel día, que hoy recojo, que alzo
sobre los ojos con espanto:
Estaba
quieto el aire —como al morir las flores—,

ahogado en la garganta de la tarde.

Y el sol, tan alto, tan lejano y solo,
tan implacablemente ajeno, tan perdido
en su gozo de luz, que apenas era
dulce geografía irremediable.

Caminábamos, hundíamos el paso
en oscuros terrores, como entrañas
aún vivas de animal cazado y muerto
por sorpresa: un terror blando, caliente,

que iba trepando por la sangre, tal
la dura yedra por el tronco, hundiendo
su fino látigo, su apretado diente
en el árbol inmenso de la vida.

Y paso a paso, moríamos un poco
cada vez; un dolor a cada instante
se nos iba; un mirar, un querer
vivir, a cada paso hacia la muerte.

(Cuando sube el terror al pensamiento
es como una gran paz, como un vacío
infinito. También los muertos andan
entre salivas, mas sin odio, huecos).

Pero el mundo no acaba en el silencio;
ni la tierra se rinde porque en ella
clave sus muertes el dinamitero;
como el amor no acaba entre las ruinas.

Con saliva de amor hoy te humedezco,
hierro de soledad; deslibertado
preso; cautivamente te acrecientas
en fundadoras hieles sumergido.

* * *

De Gólgotas y espinos he sembrado
el sendero que sigo; el que me clava
a esta cruz del vivir, día por día,
contemplando el que fui, rabiosamente.

Al que soy no me alcanza la mirada;
como no llega la hoja a sus raíces,
aunque que sienta el vigor, la dulce lumbre
del clandestino aliento de la tierra.

Pero vivo, pues sufro y amo y odio,
y tengo un corazón y me conmuevo;
vivo, viviendo en mí, siendo tristeza
y tierra de esperanza compartida.

***

No te salva ¡Oh Ciudad amenazada!
la huraña soledad. Dios te vigila
con ojos insomnes. Nadie diga: «¡Basta!»
mientras el sapo silba entre la yerba.
Como nadie responda:
—«¡Estoy cansado!»
en tanto queden espigas en los trojes

o una hormiga se pierda en los caminos
bajo la luz de las constelaciones.

Porque el sosiego es flor amarga, cardo
de pitas iracundas para el hombre
que conoció el dolor, que lo mantuvo
sobre la lengua, como una hostia en llamas.

Porque no puede haber paz en la tierra
que profanó la pólvora; que tiene
rejas de sangre sobre el lomo...
¡Oh tierra;
sacrílega mordaza de los muertos!

Descansar no es morir. Mueren los fuertes,
los indómitos. Quien descansa desnace.
Muere quien ama, quien disputa a golpes
su derecho a la vida, malmuriendo.

Inútilmente escalo las murallas
de rojo adobe empobrecido y miro
desde la altura la serena cumbre
del firmamento, buscándome en lo alto.

Hombre soy de este mundo. Hombre tan sólo
hecho de cal y canto, de fatiga;
y en vano intento despegarme de este
definitivo amor que me sostiene.
Recorro las estancias solitarias,
hundo los pies en el clamor menudo
de la pisada, como en agua viva,

por sentir la honda lengua de la piedra.

Desentierro mi voz del eco oscuro,
del légamo caliente que la boca
contiene en sufrimiento; me reclamo
en soledad, en furia, inútilmente.

Tal la luz envejece, si la miras;
y el aire se acorteza, si la mano
le recorre, así el alma tristemente
se apaga en el recuerdo, su ceniza.

Voz de una muerte soy, no de la mía;
que aún convivo en el hombre sucesivo,
que aún me tengo, agarrado a las raíces
fundamentales; que, esperando, vivo.

Desde tus altos muros me contemplo
—Ciudad amenazada, isleña tierra—,
renaciendo de nuevo, con ferviente
tesón dinamitero, en otras sangres.

Desde el principio

¡Vuelve a empezar!
Pero ¿por dónde?
El aire
guarda los ecos: si a su pecho opongo
el corazón desnudo, escucho voces
antiguas, aunque en vano intento
rescatar de su lecho huellas, piedras,
concretas evidencias, arrastradas
inexorablemente al alto mar del cielo,
donde infecundamente centellean.

Si todo es sucesión, desde el Principio,
¿cómo empezar de nuevo, sin morirse
definitivos, sin borrarse enteros,
sin arrancarse de raíz, del alma,
de las cosas que son, que nos contienen?
¿Cómo inscribir un nombre, un ansia,
un rostro y una sangre, que amo y llevo
conmigo, improvisándome en la nada?
Hombre soy con raíz, me continúo
anudándome, trepando por mis nudos:
tal la encina, agarrada a la corteza
que el aire amargo hiere, sin secarse;
y en esta sucesión de vida, en esta
sencilla creación, hasta el recuerdo
o la nube o el sueño me resumen.

Piedra sin agua

Siento que, a veces, esta voz me falta;
siento que la palabra se ha quedado,
lejos del corazón, por esos campos
de sal y de agonía; tal un pájaro
roto en el viento o en la mar amarga.

Busco mi voz antigua entre los árboles
que el firmamento ordena:
(Allí la dulce
llama sucumbe, con olor a estrella;
pero, celeste, sin temor renace,
y tierra sin color toma su sombra).

Voy por los trigos de raíz sangrienta,
que el sol encona y la mirada ahínca;
—aún pan del viento y de las piedras—; luego;
oro partido y reluciente.
(¡Cuánta
endurecida vida entre sus cañas!).

Y piso la montaña —tan redonda,
tan áspera y florida, desde el río—,
que me va descubriendo, paso a paso,
resueltos mundos, acerados cielos,
con su cola de nubes en la roca.

Pero, ¿mi voz es ésta?

Tengo miedo.

¡Tanta belleza! ¡Tanta vida hermosa
y la palabra lejos, desterrada!
¿En qué profunda mina, en qué remoto
límite rompe su acendrado filo?

Caminamos a veces entre seres
terriblemente solos. No sabemos
desde qué asombro miran, ni qué extraño
velo les cubre. Hablamos.

(¡Siempre hablamos
para espantar del corazón el miedo!).

Pero el hombre no escucha. El hombre vive
en soledad, vacío: Un perro de ceniza,
atado al alma, ladrándole, le llena
de ruidos y mordiscos.

¡Ay! ¿Quién rompe
la cadena y le deja correr, libre, a la luna?

¿Quién, por el aire, galopando, viene
y corta el nudo de silencio? ¿Dónde
la espada que derrame la ceniza
hasta llegar al manantial caliente
en que la sangre oculta sus relumbres?

Tropezamos con hombres tristes. Vamos
tras ellos. Sus nombres son como esos
vestidos arrojados en la arena,
mientras ellos, desnudos, en las olas

buscan la luz amarga de los astros...
Busco mi voz aquí.
(No entre lejanos
ruiseñores cautivos).

En el sueño
con cal de madrugada de estos hombres
que escupen sangre, que blasfeman;
que aman a Dios y le disputan vida.

Todos los días pasan por delante
del mundo; están en él y no lo saben.

(Cómo creer que es mundo lo que dejan
detrás; lo que entre dientes les florece
como una ortiga de amarillas llamas?).

El sol abre sus gajos; resplandecen
viejas piedras y hasta el aire sabe
a lluvia y oro. De los montes viene
un olor largo a romero; como un ansia
honda y tranquila de fecunda tierra.

Pero pasan. Y nadie les convoca.
(¿Dónde la voz o el bronce?).

Y ya, sin mano
que les clave los ojos en las rosas;
que les llene de Dios; que les arranque
el corazón de niebla, se endurecen...

Y como piedras son: ruedan, afilan
sus cortes en la piel del mundo, hieren.
No crecerá semilla en ellos. Ruedan
monte abajo, hasta encontrar el río.

¡Qué tormento de sed, piedra sin agua!

Madrigal de paz

Porque esta paz, esposa, que te ofrezco,
ya madura en la sangre, hecha corteza
qué paciente tributo de tristeza
pagué día por día...

¡No merezco
tanto dolor!

(El hombre, entre las manos
a veces tiene un corazón y quiere
morir con él intacto. Pero muere
lleno de soledad).

Ecos lejanos
traen mi voz antigua de metales;
mi fría voz de hielos transparentes.

¡Que hasta tu nombre, esposa, fue en mis dientes
de amargas hieles minerales!...

Pero todo es ya campo sin orillas,
lleno de paz. El sol se transfigura
en la ceniza gris de esta clausura,
y abandona sus llamas amarillas.

Yo soy para ti, esposa, como un viento
que humildemente llega y se deshace
contra tus ojos; un agua que renace
entre sus piedras, sin color ni acento.

No es posible dar más de lo que he dado
para llenar el pozo al que me asomo.
El pan que yo te traigo; el pan que como
tiene sabor de trigo macerado.

Trigo soy con sustancia. Pan en duelo
para el desconocido.

(El hombre quiere
gritar «Amor» a veces, pero muere
en el silencio, en tanto el alto cielo
se llena de esta paz, esposa, de esta
consagración definitiva).

—«¡Toma
mi paz de sangre.

Goce mi paloma
del esplendor caliente de su fiesta!...».

DE *TIEMPO DE SOLEDAD*

(1962)

Tiempo de soledad

Si el tiempo lo llevamos con nosotros
¿a dónde el mío, tan oculto y cierto
como la luz, que está porque me ofrece
la pulpa del color? ¿Dónde mi tiempo?

Le busco, le persigo, le acorralo
en el confín oscuro de la sangre,
donde serenamente el tiempo, el mío
me mide —¡Yo en el tiempo!— y me limita.

Perdido estoy en él; con él me pierdo
hacia el tiempo, su pura lejanía
su más gloriosa edad, su residencia
desplazado sueño sin medida.

Este es el tiempo, digo, y con las manos
reconstruyo volúmenes fugaces
dimensiones vacías, cuerpos, formas
en tránsito celeste... ¿Este es el tiempo?

¿Es tiempo el aire, el día, la sumisa
oscuridad latente de la música,
la permanente piedra de los siglos,
el mar resuelto en límites de espuma?

¿Soy tiempo yo, apenas pronunciado
y ya perdido en el recuerdo? ¿Es tiempo
la soledad, la duda, la amargura
de sentirse, sin tiempo, renunciado?

Sabemos, sí, que tiempo es lo que queda
detrás del hombre sucesivo. ¿Queda?
¿O el tiempo lo llevamos con nosotros
y vuelve al tiempo, su ignorado origen?

Los viejos de la solana

Nuestras vidas son los ríos...

Como santos que el sol dore
en los pórticos de las Catedrales:
—frío de piedra entre los huesos tienen
y nieblas minerales—.

Su soledad de mármoles sagrados
resplandece a la luz de la solana
—tan quieta y pura, tan irremediable
tan dulcemente humana—.

Miran siempre a lo lejos:
(Allí, el aire
toma el color morado de la tierra)
—porque el hombre no mira, cuando muere
lo que con él entierra—.

Y ellos están muriendo; se deshacen
piedra a piedra; así un poco cada día
—clavados al recuerdo,
floreciendo en cruces de agonía—.

¡Oh milagrosas ruinas!
¡Cuánta vida
sus ordenados límites alcanza
en estos viejos ídolos!
¡Qué gozo
el hombre en su esperanza!

Nacen en la sorpresa de la sombra,
en los curvos cuchillos de la calle
—como piedras rodadas, a vivirse
en el dorado valle—.

Resurrección gloriosa de la carne
que un dios solar sobre la tierra ordena
—recogiendo en el cuenco de la mano
la silenciosa pena—.

Yo les veo pasar todos los días,
al vibrante reluz de la mañana,
como ríos sin cauce, hacia la mar
—que es el morir—, de la solana.

Este verso me nace entre los dientes

...Porque, a veces, sucede que en la calle
alguien se acerca y con la voz quebrada
nos dice:
            —¡Mírame. Yo nada tengo!
Y, entonces, duele el resplandor del día.

Entonces, contemplamos cómo nace
la fría paz de la mañana.
                                (Apenas
un cárdeno relumbre entre los montes
y, ya, desposeído por las aves).

Escuchamos del viento su azulado
son de campana; la insumisa
decisión de las olas quebrantando
la huella repetida por la arena.

(Rosas y estrellas confundidas cantan
la escarcha y el rocío).
                                El alto trigo
su futuro de pan esgrime.
                                ¿Dónde
el viento, henchido de perfumes, nace?

Vamos por entre nubes, con las manos
llenas de sol.
            El corazón nos lleva.
Y esquinas y constelaciones abren
sus cálidos refugios amorosos.

***

Pero seguimos escuchando:
                                        —¡Mírame
yo nada tengo!...
                    Y hay que morir, mordiendo
el tallo de las rosas; arrancando
estrellas y arrojándolas al agua
como piedras podridas.
                                        ¿De qué me sirven
el corazón y el trigo, si no tienen
una boca y un pecho para el sueño?...

La herencia

Estos son nuestros hijos: Les hacemos
con soledad y llanto
y en sus oscuras sangres encendemos
desazulado espanto.

Son una tierra triste, que sembramos
de rencorosas sales;
endurecida tierra, a la que vamos
con nuestros vendavales.

Sobre el paso que damos, el pie deja
una honda huella de melancolía,
y es, en su corazón, como una reja
de hieles y agonía.

Vuelven los hijos. Mueren en los huesos,
de los que fueron clamorosa savia.

Nos habitan. Y nos cubren con besos
de silenciosa rabia.

Descubrimiento de la rosa

¿Cómo no amar la rosa? Pero falta
descubrirla entre tanta incertidumbre,
entre tanta apariencia. ¿Quién no ama
la música, si acierta a despojarse
el grito, rebotando por la sangre...

Conozco su existencia, la sostengo
inevitablemente, como el peso
tranquilo de la luz, belleza ausente
pero cierta, que al hombre corresponde
si busca su caricia en la esperanza.

Esperamos, con hierros, más feroces
que los hambrientos tigres, y tan densos
como dormidas aguas de pantano.
Esperamos: vivimos esperando
el reino de la tierra libertada.

De la tierra evidente, sudorosa
en su preñez de muertos y metales;
fecunda y triste tierra inacabable
que el hombre enreja, hasta cavar en ella
una profunda cárcel sin estrellas.

Encerrados vivimos. La costumbre
levanta muros, aprisiona cielos
esparce sones, crucifica rosas
limita los caminos y reduce
el verbo a pensamiento atormentado.

¡Pensar! ¡Oh triste sino de lo humano!
La altiva fuente de energía se hace
pozo seco de horror, sima del odio;
porque sin viento, la agresiva nave
se pudre, quieta, sobre el mar inmenso.

Mar de sargazo, omnipotente calma
que en prisiones azules nos retiene,
en tanto el alto cielo transparece
y una paloma bíblica, en el pico
transporta del olivo su mensaje.

¿Cómo no amar la rosa?... Pero falta
descubrirla entre tanta incertidumbre.

Fe de vida

Ta sólo el hombre ignora por qué muere;
por qué tiene en los ojos cárdena muerte antigua,
como moneda oculta bajo los viejos ídolos,
comida por los bordes, desgastada en el tiempo.

Pregunta, se pregunta:
                                ¿Por qué? ¿Por qué?
                                                        Y golpea
la turbia sombra de la sangre, en vano
intentando avanzar
                (tal el náufrago asido
por la broza marina)
                hacia la blanca espuma...

Porque la piedra sabe su destino remoto
de barro creador; la flor su verde
transfusión en el viento; y el pequeño
animal de la selva su resumen de sangre.

Pero el hombre se asoma a su vacío y grita
para saberse vivo. Y pregunta y no sabe...
Y es como un pozo seco, sostenido en el viento,
que respondiera
                                ¡Dios!
                                                con eco resonante.

Y con pobre mesa y casa...

Aquí la envidia y mentira
me tuvieron encerrado.
Dichoso el humilde estado
del sabio que se retira
de aqueste mundo malvado
y con pobre mesa y casa...

FRAY LUÍS DE LEÓN

Construyo aquí mi casa. Piedra a piedra
doy forma a la costumbre. Me resigno.
Estoy cansado de buscarme a tientas
entre paredes enemigas.
Quiero
la ardiente paz a mi medida; el eco
previsto de la dulce voz amante;
el rumor conocido de los seres
que me habitan.
Aquí la mesa; blanca
porfía con el pan y la palabra;
el puesto humilde junto al fuego;
un libro entre las manos, y el olvido
—la más alta esperanza— de los hombres...

Pero hay que arrancar las flores y la hierba,
borrar el sueño verde y los perfumes
que hacen el suelo cóncavo y materno,
inagotable paridor de briznas.

La tierra ha de ser dura, como el hueso
sobre el que se levanta la estatura
del hombre y la soporta, hasta que se hace
tierra también, apelmazado límite.

Hay que meter el hierro entre las hazas
y cubrir con carbones apagados
los surcos; aplastar todas las fuentes
de la humedad más honda; hacerla estéril...

Si quedara en los negros fundamentos
un raíz, un grano, una semilla,
la gota de un sudor, florecerían
entre la cal, pujantes, vengadoras.

Y todo lo que fuera edificado
como empujado por tanta vida inútil
caería...
¡Así el hombre, que se eleva
sobre la sangre aún viva de los muertos!

DE *EL AMOR Y LA SANGRE*

(1966)

Nadie vuelva a lo muerto

Nadie vuelva a lo muerto.
Nadie
labre caminos en el aire.
Todo es futuro vivo.
Sangre
distinta siempre, que se hace
de palabras, de sueños.

(Árboles
sangrientos, asomándose,
a sí mismos, gritándose,
sacudiéndose).

Porque nadie
responde al hombre.
Añade
más soledad, más miserable
tristeza:

(Así del fondo salen
los sucios posos, si les bate
el recuerdo).
Seguir adelante
pisando piedras, naves
solemnes.

¡Pero sálvese
el dulce amor, que nadie
canta la flor que abre
su sencilla hermosura en la tarde!...

El amor y la sangre

Borradlo. Labraremos la paz, la paz, la paz
a fuerza de caricias, a puñetazos puros...

BLAS DE OTERO

El amor sube por la sangre. Quema
la ortiga del recuerdo y reconquista
el ancho campo abierto, la ceniza
fundadora, que la brasa sostiene.

El amor es herencia de la sangre,
como el odio, su amante, y se mantienen
íntimos, besándose, nutriéndose
de sus dobles sustancias transmitidas.

Nada podrá arrancarles de su abrazo:
La espada, el hielo, el tiempo, con sus filos
mezclarán sangres, que, lluviosamente,
germinarán odios, amor o nuevas sangres.

¿Cómo decir:
—Aquéllos, que nunca conocieron
la sangre derramada, que separen
el odio del amor y reconstruyan
las viejas catedrales de la dicha?...

«Aquéllos», ¿son acaso otros que los murientes
trasvasados, hechos de sangre antigua?
No es posible lavarse el alma ni las manos
cuando fluye hacia ellas sangre y olor a sangre.

Si ha de hacerse el amor, será con sangre
trepadora, quemante, conocida,
pura sangre del odio, amante impávido
que el amor fecundiza.

Si ha de hacerse la paz,
—¡Callad, campanas!—
¡Ved la tierra, la tierra, que resume
su tempero sangriento y le convierte
en pan, en paz, a puñetazos puros!...

Herencia inevitable

Él no puede dar vino,
nostalgia a los demás, sólo palabras.
Si les pudiese dar acción...

JOSÉ HIERRO

¿Quién habla de banderas; quién retiene
los sones, el turbio olor a viento
requemado?...
                ¿Dónde el fulgor caliente
de aquellas flores, o el tranquilo poso
de la hiedra, en tanto el corazón
repercutía unánime
en la soberbia catedral del pecho?...

Reconstruir el tiempo, los recuerdos,
rescatar los sonidos, volver a lo pasado
es un esfuerzo inútil, que nos deja
vacíos y cansados
como el costoso devanar de un sueño
antiguo y misterioso.
                        Nos sumimos
en confusión; sentimos
la hermosura de la piel y en vano
intentamos llegar adonde nace
la enamorada furia del latido...

Sólo sabemos que el desnudo mástil
no redobla al compás de las banderas
ni esgrime dolorosa

la titánica huella, ni mantiene
la plenitud tirante de la música.

Sentimos su dureza,
su impávida pujanza inconmovible
como la inmensa vértebra de un mundo
en soledad.

Como torres somos, piedras, resúmenes
de Historia consumida.
                                        Lejanías
que se pueblan de vidas, que endurecen
su relieve; que gritan, sangran, mueren
entre manos convulsas...
                                        ¡Nuestra herencia!

Otros vendrán a remover la tierra,
a levantar los mástiles,
a proponer banderas a los vientos.
Y gritarán y sangrarán con bocas
de enamorada furia.
                              ¡Harán Historia!
¡Pero serán también piedra y recuerdo!
Cantarán lo que vieron con palabras
conmovidas; palabras como éstas:
Arriadas banderas.

¡Aunque viva en el alma la esperanza!

DE *NUEVAS CANCIONES PARA ELISA*

(1972)

Un mirar

...Saber que son los hombres
un mirar que te mira
con los ojos siempre abiertos...

PEDRO SALINAS

Pero los ojos duelen cuando miran
la plenitud del día.
                ¡Cuánto asombro
repentino se estrella!
                El alto cielo
sólo un instante vive y se transforma.

Isla fugaz que de improviso hieres:
existes cuando en ti reposo: cuando
tu corazón levanto hasta la lluvia
que el viento dobla, y pura te contemplo.

Todo es distinto si lo miro.
                        Nace
la rosa, si la crea la mirada;
y el mar, si con sabor de espumas, digo
su nombre y le repito, deseándole.
Como un agua te vas de entre los ojos
y sólo te conservo, si les cierro,
apretándome el alma, porque de ella
no se escape la luz, que te da forma.

Porque tu voz me queda sin mirarla:
árbol de luz, que, musical, repite
lo que, sin verlo, el corazón desea.
Sólo tú, que me habitas, permaneces.

Lluvia

Resbala finamente
la lluvia.
Un eco largo
le da prolongación
en la distancia.
Le hace
tenue voz de los campos,
rumor desamparado,
plegaria vagabunda
que busca a Dios
perdido.

Cantar y morir

Desde el feliz pío, pío
del ave, al albor de nube,
el cántico sube y sube
sobre la espiral del frío.

Sube y se pierde en el brío
de la tarde desmedida,
y un cuchillo abre una herida
en la piel azul del río.

No hay para el canto albedrío,
que en el vuelo del cantar
la muerte le ha de alcanzar
degollando el pío, pío
con un frío escalofrío
de menta y plata lunar.

Madrigal para la calle de mi muerte

La misma calle.
Todos los días la misma calle
sin nombre, qué importa, la conozco como nadie,
la siento subir hasta las azoteas de la sangre
de la mañana con el frescor del aire,
me cubre con su sombra como un traje
viejo que se pliega a la carne y huele a carne
amante...

Amante calle
de la costumbre mía a la que todas las tardes
vuelvo y resuelvo y en la que me sumo inevitable.
Formo parte
de sus penumbras, de sus cales
manchadas de azucenas, de sus portales
cálidos como pesebres de recentales
recién paridos, de sus pilares
de historiadas hegemonías seculares.

La misma calle.
Todos los días la misma calle
desconocida y propia como mi sombra errante,
poblada de hombres vivos, que miran sin mirarme,
que fluyen y refluyen como mares,
rompiéndose contra las piedras tutelares,
que se repliegan, arrastrando espumas y siguen
adelante
—¿a dónde van? ¿a dónde voy?— dejándose
la piel de la mirada en los corales

de ardiente servidumbre.
                                        Todos los días parten
hombres para el combate
del amor que se abre
—así la rosa—, cuando la luz rehace
la plenitud del mundo —¿para qué?— sobre la calle.

Un día, cuando nadie
sospeche mi existencia y suenen los metales
teológicos a gloria y se llenen los aires
de tímpanos y cúpulas de catedrales
quedaré tranquilamente en medio de la calle
y la luna —nada romántica— intentará quemarme
por hereje hacinando fragantes
haces de luz sobre mi cadáver.

Y al pasar, cualquiera, sin mirarme
se extrañará de verme tan irremediable,
muerto desconocido en la calle
amante,
en la calle.

DE *LEJOS DE ESTA LLUVIA TAN AMARGA*

(1974)

España bajo la lluvia

España, al sur del mundo.
Cuarenta millones de habitantes.
Está lloviendo densamente. El aire
tiene el sabor de las plantas podridas. Pero sube
un pequeño clamor hacia lo alto, un redoble
de impaciencia.
                    Me entretengo
en contar los seres fugitivos: Cada gota,
un hombre. Un hombre con el corazón
hasta el cuello, con el agua
hasta la sangre.
                    España tiene
cuarenta millones de habitantes.

Andan, hablan, comen, duermen
y algunos tal vez rezan, confundiendo
las palabras.
                    ¡Oh, cuánto hablan,
comen y duermen los españoles, mientras llueve,
mientras el agua cuenta, mientras la vida pasa!
¿Qué puede hacer? El español soporta
la ingratitud del cielo, se traspasa
indiferentemente con súbitas agujas,
y se deja vivir solemnemente...
                              «Para morir, —se dice—,
siempre hay tiempo. Deja para mañana
lo que puedas morir hoy...».
                    Y ríe cuando puede,
bajo la capa impávida del agua,

con toda su alma vieja, con su hoguera
de frescas ortigas, erizado...

España cuenta con más de mil hectáreas baldías
por cada pueblo sumergido:
campos broncos, fenecidos arbustos
agarrados a un mantillo de tierra
fronteriza entre la paz y el hambre,
entre el pan y la pólvora.

España ha parido millones de hombres
para enterrarles luego —con pasión, que es lo suyo—,
en el olvido atlántico de las cordilleras,
entre el barro de lluvia —su más triste destino—,
o en el sudor de Europa amasado con sangre.

La lluvia es como el canto funeral de los pájaros,
como el llanto tardío de los niños perdidos
en la noche del mundo. Va llenándonos
el alma de vacío sonoro, de humedad de raíces.
La lluvia huele a tiempo sin germinar, a beso
anchísimo, estrellado, a mujer
de inmenso vientre azul, sin esperanza.

España tiene cuarenta millones de habitantes
que van y que vienen, rezan, comen, hablan,
bajo la lluvia. El hombre español nace
con un sol mineral entre los bronquios
y escupe sangre fría, envuelto en soledad,
indiferente, bajo la lluvia estéril
de palabras, palabras, palabras...

¡Cuánto habla el español para sentirse hombre,
para espantarse el miedo,
para morir tranquilamente
bajo la lluvia!...

Los grajos sobre las ventanas del alba

Descorro la mirada:
Han nacido de pronto
flores de luto impasible,
mojadas
por lluvias antiguas
en la ventana.
Son los grajos
azulados por el sopor del alba.
Se dejan caer
con un redoble de calaveras
negras
en mi ventana.

Me incorporo sobre el corazón.
Observo la silueta sagrada
que sencillamente
grazna
o se ríe
porque miro su mirada,
o del mundo tranquilo,
satisfecho, feliz
—¿feliz? Sí, feliz—,
que contempla desde la ventana.
El grajo o cuervo o noche
desclavada
viene del forro del mundo.
Sabe que la risa alimenta
las almas
y que cuanto con su vuelo

o con su risa alcanza,
lo hace sombra, borrón
y cuenta vieja
desde la ventana.

Me veo, con sorpresa,
tan recién nacido,
tan envuelto en telas,
sábanas,
nieblas dormidas,
que me siento
en lástimas
rebozado, en risas
fundido, confundido, sin hacer.
(Tal esas mariposas
de vientres repentinos y alas
de novia, que veo
caer en mi ventana).

No es bueno reírse
de uno mismo. Somos
también una cierta especie
de pájaros sagrados
pulidos por el vaho salino
del alba;
contemplamos mundo,
mundo somos indiferente,
atónito,
sobre la ventana.

No somos grajos,

o cuervos o noche
desclavada.
¡Ay!, no, que el grajo
es ave libre y valerosa.
Tiene entrañas
de empavonada decisión.
Y muere
en el silencio de los serrijones,
nadie sabe cómo
ni para qué.
                    Se enluta
por su propia muerte
y despliega lutos
sobre la tierra.
                    Lutos
y risas:
su merecida estambre.
Los gendarmes del miedo
han desterrado las lágrimas.
Las han secado de la tierra.
¡Las lágrimas,
que son la música del hombre!

Sólo se escucha el agrio
estridor de la risa
de los grajos
sobre la ventana,
el redoble maligno
de los grajos
sobre todas las ventanas
del alba.

Los grajos
y la risa
¡ay, del alba!...

El desalentado
(Elegía para contrabajo)

El sol tiene el relumbre ceniciento
de los ancianos gloriosos: humilde, paternal,
pero iracundo al cabo de los años
por algo inexplicable que de pronto promueve
un agrio sobresalto, como en la tarde quieta
el relincho de un potro.

El sendero se ciñe al verde melancólico
tan compasivamente, que retiene el color,
dolido de su pujanza.
Y en lo alto, las rocas se coronan de nubes
ajenas al fulgor mensajero de la noche vecina.

Caminar sobre la hierba tiene
solemnidad de rito;
la blandura entrañable del mundo
se apodera del hombre,
le inviste de ternura,
le cubre de poderes de estruendo metafísico,
le alimenta de savias de oscura preeminencia.
Los pies, dolientes por el asfalto inicuo,
el corazón en pena, endurecido
por el fragor de tantas sangres muertas
y tan copiosos tragos
de hiel y frías certidumbres,
sienten el fresco halago
de la tierra madura; glorifican
la soledad del mundo; las tenues criaturas

que bajo el tallo unánime de la hierba renacen
y ensayan los caminos increíbles,
no previstos por la codicia,
que hacia la paz conducen.

Hombre soy desterrado del hierro resonante,
fugitivo del pan, con sabor a cal viva;
pero invento caminos, descubro soledades
y me avengo a morir, cumplidos mis oficios.

Con la vida a cuestas

(Canción para el camino)

Vivir importa, Amante. Se muere solamente
de ganas de vivir —¡te lo aseguro!—. El agua ciega
nos arrebata la partida —¡mala suerte!—,
y nos llena de sal la primavera.
Sube por las raíces —¡cómo duele!— y oscurece su
    curso inevitable,
pero llega
—¡todo llega en el mundo, tú lo sabes!—
y un golpe la sepulta.
                                        El hombre nace
cada día —¡está escrito!—. Pregunta, ama y espera.
Con un grito hacia Dios se ata las sangres
indomables y el miedo —¡siempre el miedo!— entra
    en las venas
cubierto de ceniza, con un hondo
sabor a tierra muerta.
La náusea, el gran vacío
de las entrañas secas,
golpea, se abre paso, a topetazos fieros,
y ya todo en el hombre es niebla. —Somos niebla, Amor,
y solamente
                        niebla!—.
Pero vive —¡pienso y amo, luego vivo!— y escucha el
    sobresalto
nocturno de la rosa. Y canta y cuenta
los enjambres del sol y siente el pulso
tenaz y antiguo de la tierra.

Vivir es lo que importa, Amante...
                                        Solamente
vamos muriendo —¡qué remedio!— con la vida la
cuestas.

DE *LOS CERCOS*

(1976)

Los cercos

Los apasionados centauros,
formas, nubes, arcángeles viajeros de pronto
confirmados por la luz, balbuciente corona
del sol que se contiene sobre las piedras teologales.

Altísimos, los cercos se ensombrecen,
anuncian la fatiga
de la Ciudad, ya presta al rendimiento.
La hora de la sangre se aproxima.

Con el temblor del aire, asciende el eco
del resuello del hombre y la herramienta.

La tierra trasterrada se abandona al cerco del
silencio. Sueño, sudor y gloria.

Lejano, el río contribuye al sufragio peregrino.
El río, de celeste armadura revestido
pregona su derecho a la vida conjunta.
Su obstinación le salva.

Y permanece incólume, libre del mal morir
en el mar, antiguo y solo.

Entre tejados, sonámbula de azules,
la Catedral, oh suma de fervores, se sumerge.

Los cercos que gravitan, que se arrastran,
endurecen la piedra, aceran las corrientes del agua,

vitalizan el tiempo inmemorial.
El alba anuncia la libertad.
El hombre.

Última soledad

Los cercos extraños de una luz invisible

LUIS FELIPE VIVANCO

Presagiamos confines, altozanos,
refugios para el alma, praderas
de libertad.
Esto es vivir a tientas
o desvivirnos sin remedio.
Acosados de luz cristalizada
abrimos los postigos.
La sombra
rinde la deslumbrada claridad.
Morimos de deseos de vivir. Sentimos
el cuerpo correr con sus espumas
salobres.
¿Hacia qué mar se pierde
o en qué cauces consuma su latido?
Contra la piedra herimos la mirada.
¿Nunca podremos traspasar la sombra,
derribar las murallas, deshacernos
de la costumbre?
Hablamos
desde afuera, dictados, y extrañamos
el perfil de la voz. Apenas somos
ecos perdidos que en vano rescatamos,
intentando un lenguaje para el hombre
que nos creemos.

Nos deciden
los cercos mudos pero inapelables.
Rebotamos de cielo a barro. Lluvia
desde los cerros del deseo
para morir sin causa.

Testamento inútil

«A VEINTIDÓS DE JULIO DEL AÑO...». ¿En qué año vivo?
Vivimos en el tiempo.
De lo hondo de la calle asciende un lento hervor de humana servidumbre.
Hasta aquí llega el sol. Le estoy agradecido por esta compañía silenciosa.
Escribo lentamente, levantando los ojos del papel. Los grajos se aposentan
sobre las antenas de la televisión: Es un bosque vibrante
de desnudas ramas, que chirrían al peso de los pájaros y el aire.

***

«A MI ESPOSA, A MIS HIJOS, LES DEJO...». Repaso lo que tengo.
Nada que merezca la pena ser nombrado: dos llaves, unos libros y papeles
inútiles con versos que nadie entenderá. (¡Sublime despropósito!).
Ordenaré su destrucción o con los últimos ánimos romperé uno por uno
estos signos que a mí, sólo responden...
«LES DEJARÉ EL RECUERDO...».

Llegará un día en que, haciendo un esfuerzo, comprendan que es en vano
intentar componer la figura con piezas que perdieron su color y se digan:
«¿Recuerdas cómo era?». Y nadie me recuerde. Acaso, en la alacena
donde guarda la madre las facturas del gas, un día —es la

venganza
de los que fueron— aparezca una fotografía cuarteada y la
esposa conteste:
«¿No queríais saber cómo era? ¡Miradle!». Y el hijo más antiguo
dirá sencillamente: «Ahora le recuerdo». Y seguirá pensando
en el cárter del coche.

* * *

Me pesan ya los dedos cual si llevara un siglo escribiendo o
arando
el pliego con la pluma, intentando llenar los surcos de sustancia.
Me levanto y contemplo desde la ventana las piedras verdinegras
del templo.
«Fue erigido en mil seiscientos tantos...» pienso. «Y ha resistido
centenares de años, millones de agonías. El hombre solamente
abarca cuatro días
y muere de una sola agonía, mientras quedan en pie las piedras
los arbustos del monte, las estrellas. ¡Cuán poca vida, Dios,
para tan largo viaje!».

* * *

«LA CAMA DONDE DUERMO...». La clavaré en la tierra
para que quede fija allí donde aprendimos a amarnos y ella
no olvide
ni el bulto de mi cuerpo ni el calor de mis manos.
Cuando en las noches cruce las fronteras del sueño, sentirá
mi vacío
bajo las sábanas y agotará el sabor de los últimos besos.
«¡Esposa, esposa mía, río blanco de tibia certidumbre, árbol

hermoso
tantas veces talado y tantas habitado de oscuros ruiseñores!
Para ti son los hijos; son tuyos solamente, desde antes de nacerlos
y fueron para ti los primeros vagidos en la cálida estancia de tu vientre».
Los padres les hacemos con cansancio y con ellos
componemos la línea paralela del vivir, cada vez más distante.

* * *

«A LOS HIJOS LES DEJO...». ¿Qué dejamos en pie para los hijos? La sangre, dicen,
ese río secreto que entre los huesos busca una salida al mar;
y voluntad de vida para erigir los nuevos oráculos sobre los testimonios
de la derrota que aventó las cenizas de las generaciones. Tal vez, un día
de desaliento, intenten encontrar la respuesta y elevando las manos
hacia donde las ánimas de los muertos vivos se acumulan, pregunten
«¿Qué mundo nos legasteis?...». Y yo no estaré allí para calmar su ira.
Y sucesivamente, los hijos de estos hijos reclamarán en vano
como lo hicimos todos, así que a la garganta subió el primer sollozo.

***

Nada tengo que darles. Mis vestidos son viejos y mis libros ya no hablan
su lenguaje. Recorro con la mirada el alto firmamento surcado
de azules golondrinas y contemplo la flor que en el humilde barro
del tiesto despereza su hermosura en la palma del sol. Me da alegría
saber de mi pobreza, abrir un libro nuevo, escuchar una música
que la brisa arrebata, recordarme en los ojos de la esposa, sentir
¿dónde lo siento? el árbol de los hijos, tocar el dulce pomo
de la cuchara del hambre y estar todo presente en la luz inflamada de cada día.

Abandono los pliegos sobre la mesa.
Comprendo mi pobreza
y mi alegría.

Firmo y rubrico.
Un nombre.
Es todo lo que tengo.

DE *ÚLTIMA INSTANCIA*

(1984)

Ciudad vista y no vista

Silencio y soledad nutren la hierba
creciendo oscura y fuerte entre ruinas...

LUIS CERNUDA

Busco al hombre que soy entre los barros
calcinados de la Ciudad que amo,
entre las piedras de elocuentes fulgencias
al viejo sol de octubre, siguiendo
el cauce de la calle, alertada por mi paso
y las iluminaciones
de las farolas sosegadas.
Doy fe de mí,
si me contemplo en los reflejos
que el agua de la lluvia contiene
y me presiento desde la lejanía de mi sombra
aparecida al pie del conventillo
de las monjas descalzas.

No sé de nada más elocuente y bello
que asistir al derrame pluvial de. la tarde
sobre la gótica extremaunción de la Catedral:
Reverbera la piedra,
transida de su propia hermosura
y el color y las formas
se conmutan,
se aprestan a reñir
su batalla de amor y transparencias
sobre el lecho cordial de la tierra mojada.

Me dicen que hay océanos
que conservan intactos
los mármoles divinos, y espesuras
que guardan los fragorosos signos
de altivas razas y de civilizaciones
vigilantes, del sol.
                    Pero esta plaza,
tan exenta, tan pura, abovedada
de estrellas y con sólo tres frágiles acacias
encendidas, es como un templo
en el que sirvo de sumo sacerdote
y de holocausto.

Aquí, el silencio, apenas alterado
por mi paso, señal del hombre sucesivo.
Aquí, la paz, que al mundo le es negada.
Aquí, el supremo encuentro: Dios
invicto y necesario,
atento vigilante
de la casta desnudez de la Ciudad.

Elegía a la muerte de un ferroviario

Qué piedad por los muertos vas a tener, Señor,
si ya tu voluntad les ha matado,
si ya les has hundido para siempre,
en un silencio eterno y sin descanso

JOSÉ LUIS HIDALGO

Como una tierra, el hombre acoge muerte y muerte,
vive de muerte en muerte.
Pozo de muertes soy hasta los bordes,
muerte con sabor de muerte.

***

Cuánta vida muerta por la vida viva.
Corre y trepida el hombre y en pie, los muertos
vertiginosos pasan, sombras apenas,
reflejos, látigos de luz
borrados por la prisa.
El sonido y el viento sobre la palabra
musical y las golondrinas.

Entre los cardos del recuerdo, muerte:
Allí un hombre —mi padre— del tamaño
del mundo, que todo lo llenaba.
Le soñaba tan puro, tan simple,
tan solamente hombre, con su gorra de hule,
con sus grandes bigotes
y su rostro apagado de carbón y de noche...
Llegaba del trabajo cansado como un perro,

que eso se dice siempre, pero al fin redimido
por la ternura inmóvil de su gente:
                                        los hijos
revolviéndose en sombras de candil
y la esposa
hecha de árbol quemado y saliva amorosa...

Nunca hablaba de amor. Le parecía
una debilidad, pero con cuánto
lluvioso amor nos contemplaba
dormidos sobre el halda materna, sobre el tronco
que él a besos regaba y sostenía.

El jornal era breve. Lo sabían
los hierros ferroviarios y aquel frío
que desde niños —los hijos—teníamos
clavado en los huesos como simientes bravas.

Alzaba juramentos como hostias, apretando
los puños a lo alto, rezando las palabras:
«¡Dios! ¿Qué te hicimos
para que así nos trates?».
                                De los fuegos
del pan brotaban sombras
despavoridas, sauces heráldicos del hambre
o lentas cataratas.

Un año, porque el hombre
no se muere en un día, un año digo,
del color de la sangre, aquel hombre del tamaño del mundo
sintió el vómito negro de la muerte.

La esposa
oyó el rechinamiento de los goznes que cierran
la puerta a la esperanza.
«¡Se nos muere!»
anunció entre sollozos.
Al pie de la yacija,
donde el hombre moría poco a poco,
nos reunió a los hijos.
Era noche cansada.
Los trenes recorrían su camino de sueño.
En la alta madrugada aullaban los andenes.
La tenue luz del alba—¡al alba, marineros!—
se ceñía a las piedras.
Una rosa de sangre
reventó en las solemnes sábanas.
La Muerte.

***

Llorar es necesario.
El mundo también llora
si descarga la pena.
Pero llorar no basta.
Hay que encender los cirios, echarle tierra el muerto
y continuar muriendo, tal el viejo soldado
de Vallejo, sin pausa y sin remedio,
como aquel hombre grande, del tamaño del mundo
que lo llenaba todo
de amor y de silencios...

Madrigal de la amada inmóvil

Lejana y cierta te contemplo
en tus cauces.
Extendida
entre yedras amantes.
Única
y distinta con el viento
de este mirar que te persigue
en tu quietud, adivinando
los pálpitos secretos, el misterio
de tu sosiego.
Me sientes a tu lado
y esta presencia mía te conmueve.
Lo presiento. No aspiro
a más altas audiencias.
En tus bordes
estoy también sin movimiento
aparente. Amándote sin tregua.

Sobre el celeste campo deposito
cálidas hierbas, mariposas
y enjutas flores, que redimen
la blancura yacente.
Sigo
tu curso lento de agua derramada,
llenándome las manos
de tu profundidad, dejándome
invadir de ternuras.
Vuelvo
a nacer de tu vientre,
irremediable.

Contemplación del tiempo

A Joaquín Huergo

Contemplo lo pasado y no me asusta
soñar en el futuro y comprenderle,
que es mucha vida navegante
en soledad bajo los puentes.

Un año más importa si es camino
que va hacia nunca y de la nada viene
si registra la huella que dejamos
al paso y permanece.

Somos años, caminos, puentes, sueños
consumidos de amor, lluviosamente
metidos en la tierra,
anónima simiente.

La soledad, que es tiempo que medimos,
nos acompaña sin tristeza y siente
la azul gravitación de la esperanza,
por todos los años de los años...
Siempre.

Todos somos protagonistas

A Lorenzo López Sancho

Sobre la piel de la calle
ha caído la voz del hombre.
¿ Desde qué azotea o torre o cielo
de diamantina desesperación?
La sangre —¡ay la sangre y siempre
la instantánea sangre!— ha roto
la palabra.
A Lorenzo López Sancho.
Pero la huella queda, honda y solemne,
sobre la piel fecunda de la calle.
La tomo como el pan quebrado
por las manos. Digo: «Todos somos
protagonistas de la Patria».

***

El sol enciende los candiles
de la muerte.
Quema la voz, el pan y la palabra
como piedra ritual de sacrificio.
Me contemplan silenciosas cohortes,
multitudes de asombro y tristeza.
Claman
desde las convulsas sangres interiores:
«Todos somos
protagonistas de la Patria».

***

Con lejanía de tormenta
suena el redoble.
          En algún sitio,
perdido entre olvidadas galerías
muere otra vez
          se estrella
                    se desploma
tal vez para que un niño la recoja,
ascua viva, voz de hombre
sobre la piel fecunda de la calle:
«Todos somos
protagonistas de la Patria».

DE *EL CÁLIDO BULLICIO DE LA CENIZA*

(1990)

Gastado amor

...donde
existe amor surcado, como en tierra
la flor, nace la espuma...

CLAUDIO RODRÍGUEZ

Cuando el mundo era joven, sangrante y frutal
las cosas ofrecían el color y el volumen que anunciaban
las estrellas y las mariposas
destilaban el fulgurante polen
de las nocturnas nupcias;
cuanto era vida emitía la música prevista,
el perfume de su naturaleza.
Y el Amor,
oh el amor, se abría milagrosamente
al paso de nuestra sombra.

Cuando todo era joven
y el mundo vacilaba entre la música y el barro,
asomarse a sus límites
era ocasión para el gozo,
invitación sabrosa a la sorpresa, el más fecundo don.
Y las colosales filosofías, los estímulos principales
para la disciplina de la especie,
crecían como árboles
empujados por el oculto puño de lo oscuro,
y a su sombra comulgábamos
con la santa belleza y los adverbios,
con la paz incorruptible, sorprendida
en arrobos celestes, con el amor

tan grande y palpitante
como una inmensa noche tutelar.
                                        Pero el tiempo,
insensible a los signos,
derriba arquitecturas, domina la soberbia de los árboles,
seca raíces fugitivas,
corroe el metal de las estatuas
y cubre el campo, donde el hombre insiste,
de soledad y ruinas.
                              Sólo queda
amor gastado.

La voz perdida

Es temprano aún en este mundo, escúchame.
No han amanecido los milagros, escúchame

ODISSEAS ELYTIS

I

Revolverás mis versos, esperando
la anotación reveladora, el signo
de la esperanza, atado al corazón
como un perro azul o como un beso
de infinita ternura, mas en vano
porque tan sólo acumulé piedras y acentos,
oscuras mariposas
y las fulminaciones
de los olímpicos dioses del vacío.

II

Confundidos, buscábamos la sombra
de nuestra plenitud. Y se nos daba
la ardiente añadidura de lo incierto
o la náusea de la duda,
cuando lo que empujaba nuestra sangre
entre sagradas ruinas, era el ansia
de Dios, enmascarado
de lluvia o de columna, pero cierto
para tener en pie nuestra esperanza.

III

Luchamos contra el hombre que borraba
los caminos abiertos. Recurrimos
a las solemnidades de los astros:
«¡Dios de la duda! —clamábamos— ¿a dónde
nos llevas, ofreciéndonos
las glorias de este mundo?».

Y fue en este abandono,
en esta voz, donde quedó cumplida
la vieja profecía:

IV

«No es éste el anunciado
mundo de las herencias,
sino el espacio de los himnos
inmolados.
                No detengas
el paso ante el encarnizado signo
de tantas solemnidades consumidas.
Te espera el mundo,
oh hijo azaroso de la luz,
para que bajo sus cúpulas
ensayes la acordada música
de la paz y le cubras
de amor en la batalla».

La condenación de la costumbre

No hallarás otra tierra ni otro mar.
La Ciudad irá en ti siempre. Volverás
a las mismas calles

KAVAFIS

No hay escape posible. Aquí pereceremos
con el corazón cuajado, pero tan dignamente
como vivimos, como nos dejaron vivir.
Repaso
el laberinto. No me esfuerzo
por hallar la señal.
¿Qué me importa
encontrarla si decido establecer mi campo
a la sombra de estas piedras?
¡Ay, tantos
insignes varones decidieron
clavar su espada en este corazón
insensible y sin embargo amante,
que me rinde tan alta presunción y compañía!

Sigo la sombra que proyectan
las espadañas del aire y reconstruyo
el mundo, sus efímeras
glorias y sus tristes miserias, que de todo
está compuesta la aventura:
Nacer, como quien dice,
de vientre de mujer
es tener ensayados
nueve meses de encierro entre estertores,

sangres y clamorosas efusiones
para caer de nuevo
en las cárceles del miedo, del amor,
del cumplimiento preceptual
al que estamos llamados.
¿Por quién?

Nadie responde.
Nos sublevamos
cuidadosamente, buscando
la salida del laberinto y escapando
de las propias paredes, de las sombras
de nuestras presunciones,
de las vulneraciones de la piedra.

***

Al otro lado, acaso, la arboleda
recoja el mensaje de las aves o resigne
la luz a servidumbre de las almas.
Tal vez el cielo sea todo azul, sin muros
que reduzcan la libertad del aire.

Acaso
un agua de fugitiva magia
penetre entre las hierbas.
Y yo, entrechocando
contra argumentaciones,
rompiéndome las sangres
en pugna con la obstinada, oscura piedra
de mi laberinto.

Sin rescate posible.
Condenado
a volver a las mismas calles.

Mármoles y acantos

Héctor murió y hay una luz en Troya;
nosotros contemplamos pero en trágico
gozo reímos

WILLIAM B. YEATS

Háblame de Ulises, de Ítaca y los cíclopes
que en las frescas herrerías de Vulcano
poblaban el misterio de sonoras estrellas.
Dime qué fue de Eneas y por qué la licencia
otorgada para que Troya fuera arrasada
y las aguas de los griegos se cubrieran
de eternas sangres.
¡Helena! ¡Helena! ¿Por qué hiciste
del corazón del mundo campana de tristeza?

***

Como un inmenso y silencioso bando
de mariposas, el recuerdo nos cubre.
¡Nada más bello que el aliento heráldico
de las batallas de los dioses!

¡Oh tú, gentil Perseo,
¿cuándo tus manos abrirán la rosa unánime
del corazón de Andrómeda?

***

No sabemos cantar lo que tenemos:
—pan de oro, sueño
de vientos y praderas—
la humilde luz del beso, el árbol
para la libertad del hombre.
                    No sabemos.
Y en el esquife del desánimo
navegamos sobre la espuma, a la búsqueda
de líricas apariencias,
de mármoles y acantos
a los cuales ceder la Oración y la Palabra.
No vemos en el hombre que nos sigue
en la sombra y en la sangre de cada día
el héroe que conquista
desesperadamente su derecho a la vida.

***

Háblame de Ulises, de Ítaca y los cíclopes.
Es como abrir los ríos sagrados de la desmemoria
para sentir el alma
flotando en el vacío.

DE *LA ESCONDIDA SENDA*

(1993)

Catedral de amor

Cansado de subir, a veces ruedo

MANUEL ALTOLAGUIRRE

Rechazo los recuerdos
que por las escalas del color me invaden.
¡Ríos de gloria!
                    La luz, la luz
me clava en estos claustros
donde la sandalia peregrina
dejó su huella y el amante puro
de la belleza
cantara el asombro de lo visto.

Contra las losas permanezco
sintiendo su frescor,
rastreando, en tanto las vidrieras
encienden sus carbones.

La Catedral suena a silencio ungido,
y a fervores corales.
Sobre las aguas bautismales
se reflejan las cúpulas celestes
y el ámbito se abruma, agitado
por pulsos diminutos.

Me oculto, me sumerjo
en esta mar de claridades.
Lejos de tanto amor,

de belleza tanta,
acaso se produzca el milagro
y del callado furor de la piedra
se desprendan púrpuras y vanidades.

Sobre la losa humilde,
al pie de las escalas del color,
libero los ahogos
que la sangre anuda en la garganta.
El paso se hace vuelo,
ángel de mi melancolía,
hasta alcanzar el ápice soñado
de las formas, la suprema
conjunción de la luz:
¡La paz del alma, amor, la paz!

Mi corazón y el mar

Señor, ya estamos solos mi corazón y el mar

ANTONIO MACHADO

Inmensamente solo, se precipita en vano
contra las rocas. No busca una salida
sino un encuentro de amor desesperado.
Nada ni nadie más encadenado
que este mar sin remedio,
condenado a ser principio y fin,
pasto de sí mismo, destino de su voz,
congoja o sangre de sus desgarramientos.

¿No hay salvación para este mar cercado?
¿Acabará rendido en una noche oscura
de lunas amarillas sobre la playa,
sin dejar otra huella que el encaje
petrificado de su espuma?

***

Mi corazón también, desde sus cercos
de hierro y piedra negra
pelea por abrirse paso a golpe
de sangre hacia el amor oculto.

Rodeados de ausencias,
mi corazón y el mar
se buscan: inmensamente
solos.

No sólo el mar

El mar no es. Le sueño:
Cielo azul desplomado,
pradera sin dueño
ajena a mi cuidado.
El mar el alma aferra:
Juntos al fin
cielo y tierra.

DE *EL FULGOR DE LA MEMORIA*

(1996)

El fulgor de la memoria

Yo no soy más que el resultado, el fruto,
lo que queda, podrido, entre los restos

ÁNGEL GONZÁLEZ

Se detiene ante las piedras altivas coronadas
de espantos y contempla
el lento navegar de nubes desnortadas.
¿Dónde romperán la magia de su rumbo?

La luz se desvanece en el viento que envuelve
la carnal hermosura de la tarde. Se anuncia
su inmolación sobre la cumbre rota
de mi melancolía persiguiendo su sombra.

Si alguien nos preguntara, nuestro nombre diríamos,
con el temblor que envuelve lo dudoso. ¿Es que somos
otra cosa que duda, apariencia, misterio,
restos de la escultura que amasamos con tierra?

¿Qué fue de nuestros signos, tan arbolados, fieles,
—sobre la cumbre del hielo y los decretos—,
a los deseos del hombre y sus urgencias,
hoy borrados a golpe de vientos y tormentas?

Aquella enorme madre, toda simiente, asida
a los huesos fragantes de los hijos y el padre
oscuro y silencioso, agotando sus sangres
contra los hierros puros de las noches del llanto.

Las gentes de mi origen, gastadas por el uso
pero ahincadas como árboles en la roca sonora,
que ardieron como hogueras rituales sobre el trigo,
¿qué fue de sus cenizas?

¿Qué fue de tanto amor como juntos urdimos
bajo la pompa cómplice del cielo? ¿Por qué solo
nos queda este sabor a soledad? ¿Por qué
estamos vivos si somos ya solo espectros de la nada?

Ante el recuerdo, se detiene, hendido
por el cuerno feroz de la memoria
y se contempla, al modo
como el pájaro asiste
a la urgencia del aire y su sentencia.

La ceremonia de las idolatrías

Olvidando su muerte
y aún la mía

GARCILASO

Lo peor es el olvido. Se produce
el vacío del corazón y el encadenamiento
de los silencios cómplices. Inútilmente
aproximo el alma a los espejos
que reproducen la mágica blancura
de la soledad del ángel. Ya no queda
huella de mí. No existo.

¿Qué fue de tanto amor perdido
entre arboledas con nuestro nombre
grabado a besos, culminación del tránsito?
¿A dónde se perdieron los corceles
con los que recorrimos los caminos
erizados de hierros,
sangrando espanto por los ojos?

Feroz es el recuerdo, pero es vida
que duele en las encías,
que se siente pisar
por el laberinto de las venas,
que pesa sobre el alma
y aprieta el corazón hasta romperlo.
El olvido es la nada. El vacío doliente
de la ceguera última, perdida la razón
de todo lo que existe. Muerte

sobre la marcha incierta
hacia ninguna parte. Último
aliento del pájaro abrasado por el sol.

Ya coronada la ceremonia de las idolatrías
me aferro a los recuerdos.

Otra razón de amor

Así como la hoja del árbol se desprende
de su rama sagrada y sobre el río
resigna su destino,
me sentía navegado aguas abajo.

¿Quién me lanzó sobre la nieve,
tan descalzo, tan unánime y ferviente
seducido por la gloriosa pompa
de los paraísos destinados
al portador del pecado?

Vivir con la muerte a cuestas consolida
la estatura del hombre y le devuelve
su perfil y su brío. Sólo los infelices
dichosos viven sin vivir místicamente.

Desde el hondón del alma, donde se refugian
los sentimientos acosados, contemplaba
el lujurioso milagro de la alondra
proclamando su libertad. Y me nacía
la libertad, porque el deseo cumple
la razón del amor, si nos invade.

Los amantes

Serán ceniza, más tendrá sentido;
polvo serán, mas polvo enamorado

FRANCISCO DE QUEVEDO

Con el agua de luna,
llegaba entre frondas de sábanas y sueños
silenciosa y cálida, a la busca
de los perdidos paraísos.

En la mirada traía
todo el azul del mundo
y la ternura del recental.
Y se nos salía el corazón del alma.
Y quedábamos vacíos.
El sonido
de las sangres repite los nombres
de los amantes. Y un clamor
se eleva de los posos
que el amor deposita.

Amar, amarnos, no era
posesión, sino destrucción deseada
de dos astros que se encuentran
en la culminación del fuego.

Los cuerpos se transfieren
sangres, hogueras, voces,
y sentidos no anunciados
se apoderan de los amantes.

Allí se acaba
el mundo y sus fulgores.
Gozosas tinieblas
se extienden por los cuerpos yacentes.

Los amantes se miran
desde lo último de sus almas en pena.

Los girasoles mueren en silencio

Una vez fui niño. Lo recuerdo.
Me crecían los ojos día a día y en el alma
germinaban los áureos girasoles
cansados de sí mismos.

Qué hermoso el viento entonces, tan esbelto,
tan alto y puro, le sentía
cayéndome lluvioso, desnudándome,
saciándose en mis deslumbramientos.

Y la luz, tanta luz galopante sobre el frío
corazón de la tierra. Yo era un niño
todavía sin rumbos ni preceptos,
libremente elegido para el gozo
total de un mundo sin soñar todavía.

Perseguía a los pájaros
de lenguajes oscuros y traducía el cántico
de las campanas locas bajo el agua.

Me gustaba ser niño a la sombra del árbol
seguro del padre, tan dispuesto
siempre para la augusta
construcción del hogar y acarreaba
arenas y mármoles celestes
para el ceremonial de la llegada
del Anunciado por las profecías.

Entonces fue cuando ensayé la risa
y el cántico del pan y descubrí la luna
en el espejo andante de los ríos.

El mundo era todo de música y de flores,
invasores fervientes de la dicha.
Desde las ansias primeras, desde el hondo
misterio de la vida me llegaban
los viejos sabores de la tierra.

***

Desperté acribillado por las luces
o quizá por el grito alarmado de la sangre.

Una vez fui niño. Lo recuerdo
cuando ya no hay remedio y sobre el campo
los girasoles mueren en silencio.

DE *LA RESISTENCIA DE LA ESPIGA*

(1997)

La resistencia de las espigas

Los cielos concertados, el aliento
de la tierra madre, el mar, todo
contra la humana arquitectura de la espiga,
solemne catedral de lo perfecto.

(¡Cuánta hermosura en vano, si los dioses
abandonaran el campo de los sueños!).

Horadan sus penumbras, derraman sus cabellos
sobre el oro del viento
y la espiga reclina
la cabeza, así rinde el amante
sus resistencias a la dulce acometida,
y convierte la luz, el sol
en refugio de la sangre. Eucarístico destino
del pan, del hombre y su milagro.

De ceniza

Miguel me llamo

Suena el tiempo a desalmado y roto,
a campana de agua, a tierra muerta,
a suspendido cielo, a sol remoto,
a corazón perdido entre la niebla.

Me busco por la tierra y no me encuentro.
Desde los vientos grito y se me esconde
el eco entre las rocas. Me concentro
y la sangre cautiva no responde.

La soledad destruye los caminos
y desnuda de sombras la arboleda.
Una lluvia de hielos y de espinos
invade lo que queda.

De ceniza me siento y de amargura,
pozo soy solitario sin remedio.
Vivo agarrado al aire que me apura
sin poder liberarme de su asedio.

Lo que deja tu sombra

Lo que deja tu sombra. No lo mires
ni conviertas el sonido del aire
en voz de la memoria.

Has sido destinado
pata la huella múltiple del tigre
y para la sinfonía callada de la nieve.
Porque el hombre es apenas
signo que los vientos consumen.

En vano a golpe de hacha
derribas las viejas arboledas
y hiendes la piedra del milagro
donde los dioses dejan
inscrita su eternidad.

No hay espacio ni lunas
para la amargura del vencido,
ni es fácil, entre el trigo,
encontrar el trébol que hace invulnerables a los amantes.

Condenado entre las flores del hielo y la tormenta
te contemplas en el reflejo oscuro
de la sombra. No mires.
Abandona el cuerpo al grito de la nube.

También el sol acaba
en la profunda gruta de los espejos.

Nieve

A la tierra le sale
la nieve por los ojos.
¡Cuánto amor por el aire
perdido sin retorno!
Sobre el campo del frío
el hombre busca el hondo
manantial de la dicha
y acaba en el asombro.
¿El silencio y la nieve,
serán el fin de todo?
Mi corazón se muere
de frío sobre el polvo.

DE *LA PALOMA COJA*

(2002)

La encrucijada

Éramos jóvenes, valientes y generosos entre el estruendo y el humo de los altares. Conocíamos el peso de la luz sobre los muertos y desnudábamos el alma de sus viejas cortezas.

Recorríamos el curso de los calendarios con la brújula rota y nos perdíamos en las encrucijadas.

Desde la soledad y el frío nos tendíamos las manos, intentando salvarnos y escribíamos versos que forzosamente recordaban a los muertos, a los profundos muertos, a los solemnes muertos que esperaban la resurrección de la carne bajo las piedras de todos los caminos o al pie de las sinagogas.

Y así fuimos naciéndonos, desnacidos de los orígenes, aptos ya para el ceremonial de las culminaciones.

Fuimos lo que debíamos ser en un tiempo en el que se abatían los viejos estandartes, y como pan nos dimos en comunión sagrada mientras ángeles y serafines, venidos de los hielos, prometían gloriosos paraísos.

Ya hemos llegado. No importa si otros vientos nos empujan a la mar, que es el morir. Nos quedará la gloria luminosa y fecunda de no haber vivido en vano.

La invención de la palabra

Está habituado a transformar en lenguaje
lo que experimenta
GÁO XINGJIAN

Como agua de cueva, nace
entre espadañas,
contra el aire. Acaso
un grito desde el miedo
le redime
de su condición de nada todavía,
aunque en el fondo existe,
como el tallo contiene
la flor presunta.

Cierta noche,
ya el cielo estremecido
por el paso veloz del pensamiento,
emite un primer sonido
aún acortezado y duro
y el hombre se extasía
ante la incomparable música que anuncia
el latido inicial de la existencia.

Inventar la palabra mágica
que explica la delgada dulzura
del sol entre las manos
y le arde el alma de las cosas
que giran alrededor.

Y dice «Amor»
y se le llena la boca de sabores
y renuncia
a todo aquello que encadene
el lenguaje, recién nacido,
arquitectura pura
del hombre y su destino.

Ensayo sobre la ceguera

A José Saramago

¡Cuánta luz suspendida
y sin embargo ausente!
Inevitable, así el aire que la lleva,
pero tan cierta que sin ella
yo no sería.

Existo porque veo,
porque la luz descubre
lo que soy entre relámpagos,
metales y explosiones.

Vivo
porque percibo los perfiles
del mundo, de los hombres,
de las cosas: la flor y el ave,
la solemne arquitectura
de las nubes, la armonía
del mar y sus sonidos,
la estremecida transparencia
de la amada.

Cuando el ala
oscura de la noche
cubre la luz,
la vida se declara culpable
y muere. En la derrota
total me precipito, ciego.

Al final será el silencio

Al final será el silencio. El mundo
perderá la voz entre las arboledas
de frías transparencias, flageladas
por eléctricos diluvios.

Se hace el silencio, amor, en silencio,
con lento desfallecer de apagada nieve,
cayendo de sí mismo,
perdido entre sangres absortas
de alabastro.

Y yo acabaré, amor,
buscándote entre la niebla, bajo los escombros,
buscándote en silencio,
agotada la voz que te pronuncia,
rota y dispersa el alma.

El vacío

Demasiados años para una sola vida,
demasiados vientos cortados por el rayo,
demasiado amor bajo la escarcha.

Me llega el arrebato de la tierra virgen
y algo como la sangre del alma
se enciende.
La posesión
embota el perfil de la palabra.

En el principio fue el vacío,
antes que el ángel y que la serpiente.
El sonoro vacío original
cuando el Gran Manipulador
no había reparado todavía
en la posibilidad
de transformar tierra por hombre
a su imagen y semejanza.
Perder contacto con la roca altiva
es sumergirse.
¿En qué arenas movedizas?
¿En qué tristeza?

Somos muertos
de necesidad de vida
de una vez para siempre.

DE *EL PALOMAR DEL SORDO*

Poesía en llamas

(2004)

No cantaré ya más. El canto
se me ha secado en la garganta

JOSÉ HIERRO

Rompo el cristal y por los ojos
la luz me invade.

¿Quién pensara
tanta belleza depositada, quieta
como un agua, reflejándome?

Me someto al silencio de la sangre
y declaro: «No cantaré ya más».
No permitiré que me invada
el asombro y me arrebate
el viento de la calle,
huyendo de las cosas
que pasan.

¿Tanto amor,
tanto cansancio, ha merecido
este hilo de tiempo y agua
que la memoria asume?

No cantaré frente a la piedra,
ni dejaré que module el corazón
la música del aire, por el aire.
¡Ay, amor!

Salmo I

Como el que nace de la nada,
aire puro, amor de agua,
sostengo el corazón. Se precipita
hacia el oscuro borde del final.

Si se rompiera en la caída
quedaría hueco, sin sonido.
Así la flauta rota del pastor.

Amo y canto y blasfemo por saberme
cierto, para nacer de nuevo
un poco cada día.

Las cúpulas del viento

Me atengo a los procesos de la luz,
al descuidado ritmo de los abedules,
al sonido del agua, confidencial y mía.
Todo me dice que la vida se acaba
en una bocanada. Y me resisto.

Porque si perdiera la batalla de lo que amo:
la que rindió tanto amor entre mis besos,
o el sol, el mar inmenso, la poblada esfera,
¿para qué ya la esperanza?

Recobro la memoria y se me puebla
de conjuros, de palabras últimas
aleteando contra mis costados. Vivo
de mis propias sangres.

Me consumo de mis altivas brasas
sostenido por la profunda gana
de vivir en las cúpulas del viento.

Última instancia

Serán estas palabras
leídas y escuchadas
en silencio. Luego
apenas los visillos
de todas las alcobas
encubran tanta luz,
serán disueltas como agua
de lluvia y nadie
aceptará el mandato,
la última instancia:

Reducid a cenizas
tanto fervor suscrito,
tantas apelaciones
a mi memoria de hombre
que fue un instante
y se llenó de soledad
hasta los bordes
muriendo día a día,
para nada, para acabar acaso
como nací, llorando.

Ya tan solo

I

Con el óxido del calvo
me duele el alma y la mirada.
Me detengo sobre mis palpitaciones.
Sangro agua de lluvia
y a puñetazos reclamo silencio.

Me busco reflejado
en la lumbre cenicienta
de la última tarde.

El hombre que reclamo
—residuo del aire—
manda vida
donde ya no queda ni memoria.

En vano me busco
tanteando mi sombra y sus paredes,
ya tan solo,
tan muerto de mí
como un clavo
oxidado de vida.

II

A veces, mientras lloro,
siento el vacío
ensanchando sus límites.
Es un mar infinito
creciendo cada día,
y le retengo
por miedo a deshacerme
en la nada del aire.
Morir de soledad
es triste muerte,
ya tan ajeno, tan perdido
por los siglos de los siglos,
mientras lloro y me busco,
perdida la esperanza
de encontrarme asomado
al profundo vacío de la nada.

DE *EL ÚLTIMO JINETE*

(2008)

El último verso

Los dioses. El primero
lo conceden los dioses.
Se abre un jirón en la tierra
y brota una voz, un grito acaso,
una plegaria.

El hombre nace.
Sobre el Monte de los Prodigios
abandona los viejos vestidos
y contempla con asombro
el brío de los vientos.
Implora una sola palabra
que le redima de siglos de silencio.
El verso, solamente el verso
que los dioses prometen.
Sobre el atrio de las flores
tal vez ensaya otro lenguaje el agua
que le traduzca. Una palabra única,
un verso acribillado
por constelaciones
fugitivas.

No es bueno
que el hombre esté sin voz
en este último tramo,
a punto de que se borre o se pierda
buscando el último verso.

Para el aire

Una vez fui joven
y las gloriosas golondrinas
sostenían el vuelo.
Con tanto cielo sobre mí
coloqué alma y más alma en el camino
y esperé el paso
de los bueyes sagrados
que transportan
amor entre las piedras.

Seguro ya de los destellos
de mis sangres resonantes
me acogí a la sombra
enamorada que el viento
hacía crujir...

Me sentí distinto
al que fuera antes de amar
y tan leve como el soplo
de un dios vacante
en el aire,
por el aire,
ay, para el aire...

Cien años

Así que pasen cien años
comenzaré a morir lentamente
como muere la luz de cada día,
sin volver la vista atrás
ni revolver los archivos.

(Cada vez que se me ocurre
retroceder en el tiempo
y fijar la película, me asaltan
figuras extrañas, garabatos
de doloroso patetismo).

Es algo que les ocurre a todos,
sean blancos o negros, legos
o doctorados. Se muere solamente
de una vez y para siempre,
abanderando
cuanto tenemos conquistado
a corazón partido: esposa,
hijos, bienes y papeles
con nuestro nombre y número
de salida.

Depositamos
los viejos vestidos a la entrada
del último túnel y desnudos
acudimos a la cita.

Preguntarán
los memorialistas del aire:
«¿Qué fue de aquel que intentara
cambiar el mundo, verso a verso?».
Cesó un día cualquiera de un mes,
arrastrado por caballos de plomo.
Y fue olvidado;
como manda la Santa Madre Iglesia
y decretan los tiernos alacranes.

¡Y ustedes perdonen
si me muero sin avisar!

Hombre deshabitado

No tengo nada que contar.
Cada recuerdo es una piedad oscura
que ciega todos los caminos.

En vano busco salida
entre ritos y espinos amarillos:
lo que soy se me agarra
a los residuos del alma
y ni siquiera invento
una emoción para llorar
o su representación
para no sepultarme
en lo desconocido.

Me busco, necesario,
como la lluvia, sumido
en la sobria soledad del polvo,
pero solo consigo
levantar un puñado de hojas secas
y un breve resplandor
de luz oscura: el destino
del hombre deshabitado.

Destino

¿Para qué? ¿Por qué? ¿Hacia dónde?
Es doloroso preguntarse,
mientras se persigue en silencio
el lenguaje de las flores, de los astros,
la voz del agua o el sonido sosegado
de una música lejana.
Pero el hombre
que soy ¿qué puede ser si muere
sin respuestas claras, si ha vivido
entre zozobras y amenazas?
Pregunta ya en el andén de la última estación,
cuando la campana anuncia la salida
del tren definitivo: «¿Hasta dónde?».
Y lo repiten vientos cruzados,
furtivos vientos, sin que nadie
responda, porque el hombre acaba
condenado a morir sin eco
de sí mismo, como mueren las piedras
del camino, hendidas por el paso
de otros hombres, por el peso
del mundo indiferente.
Acaso
desde el forro oscuro de las nubes
concedida la solución:
«¡Vives, oh mísero de ti,
para ser hombre!». Triste destino.

El vacío

Nos hicieron con sangre,
con sombríos sonidos
y oscuras convulsiones.
Se rompe el cielo
con estrépito.

Algo sucede
en el mundo de la música.
Y entonces es cuando en el silencio
de la alcoba, alguien dice:
«Te amo».
Se escucha un quejido prolongado
y una lluvia
dulcemente musical
se derrama en la niebla.

* * *

La larga caricia del agua
suena misteriosa
en la agonía de las sábanas.
El recortado beso
se cuaja, amargo, entre dientes.
Nos nacieron
para el amor y ardemos
como cañas secas.

¿Dónde?

Si supiera dónde, cuándo y cómo
no importaría nada
que la explosión rompiera
lo que queda de mí, lo que soy
desde que el tiempo
y tanto amor acumulado
han hecho en mí. Y me dejaría morir.
Si así pudiera dar contigo
allí donde estés.

* * *

Pregunto al viento peregrino,
a las poderosas aguas de la mar,
al sol, a las estrellas
a Dios mismo:
                    ¿Dónde?
Y nadie contesta. Cierro
todas las rutas y me entrego
al silencio, arrastrando
los besos que nunca pude darte
bajo los estampidos
de la muerte anunciada.
No. No es este el mundo
que nos fuera prometido
cuando construíamos catedrales
para refugio de dioses
y desplegábamos al viento
versos de amor.

ÍNDICE

De *Las horas perdidas*

De *La espada y la pared*

De *Nuevos cantos de vida y esperanza*

De *Libro de Santiago*

De *Los cercos*

De *Última instancia*

De *El cálido bullicio de la ceniza*

De *La escondida senda*

De *El fulgor de la memoria*